Angelika Pauly

Babymäuschen

Die Weisheiten eines Ungeborenen

Ein Tagebuch

Teil 1

Carow Verlag

Angelika Pauly, „Babymäuschen"
© Carow Verlag, Philippinenhof 6a, 15374 Müncheberg
Alle Rechte vorbehalten, August 2021
Satz: Ron Carow
Lektorat: Peter Hoeft
Covergrafik: © Can Stock Photo / vectorpocket
Druck und Bindung: Frick Kreativbüro & Onlinedruckerei e.K.
Gedruckt in: Deutschland

ISBN: 978-3-944873-52-7

http://carow-verlag.de

9. August 2014

Hallo, Kleines.
Hallo.
Sag mal, was bist du, ein Mädchen oder ein Junge?
Was ist das, ein Mädchen, ein Junge?
Das ist das Geschlecht eines Menschen.
Ich bin ein Geschlecht?
Nein, ein Mensch.
*Das weiß ich nicht, da musst du meine Mama fragen. Moment bitte, *blubber-blubber-blubber**
Was ist denn?
Ich wachse gerade.
Wie groß bist du denn schon?
Oh, sehr groß, schau hier.
Ich sehe nur ein winziges Etwas ohne Arme und Beine.
Was ist das, Arme, Beine?
Damit kann man etwas tragen oder laufen.
Was ist das …?
Schon gut, erkläre ich dir später.
Ich glaube, du weißt das gar nicht …
Weiß ich wohl!
Weißt du gar nicht, bätsch.
Du bist ganz schön frech. Das sage ich deiner Mama.
Mach das, ich muss jetzt schlafen.

10. August

Hallo, Kleines.
Hallo.
Bist du wieder gewachsen?
Das weiß ich nicht, frag meine Mama.
Immer soll ich deine Mama fragen ...
Moment!
Was ist denn?
Es schaukelt gerade so. Mir wird schlecht. Und, oh nein, bitte nicht.
Wie?
Schon wieder dieser Geschmack, igitt.
Was für ein Geschmack? Moment, etwa Currywurst?
Das weiß ich doch nicht, mir ist gar nicht gut.

11. August

Hallo, Kleines!
Hallo!
Deine Mama und dein Papa überlegen sich ja schon einen Namen für dich.
Was ist ein-Papa?
Das ist der, der deiner Mama Currywurst bringt.
Oh nein, das sollte der mal lieber bleiben lassen. Mir ist jetzt noch etwas schlecht.
Nun, ich mag jedenfalls nicht die ganze Zeit ‚Kleines' zu dir sagen. Aber da du mir nicht dein Geschlecht sagen kannst ...
Da musst du meine Mama fragen!

Ach, die weiß das doch auch nicht.
Das glaube ich nicht, meine Mama weiß alles!
Ahem, das aber gerade nicht. Nun, da deine Mama Mäuschen heißt, so nenne ich dich Babymäuschen. Was hältst du davon?
blubber-blubber-blubber
Was ist? Wächst du gerade wieder?
Ja, du nicht?
Nein, ich wachse nicht mehr.
Warum nicht?
Du willst aber viel wissen …
Nun sag schon!
Weil ich eine Oma bin und Omas wachsen nicht mehr, sondern schrumpfen.
Was ist eine Oma?
Eine Oma ist eine, die Schokolade und Tempotaschentücher in der Tasche hat und mit den Babymäuschen Memory spielt.
blubber-blubber-blubber

12. August

Hallo Babymäuschen, schön, dass du jetzt einen Namen hast.
Hallo! Was ist ein Name?
Ein Name ist ein Erkennungsmerkmal und nein, das kann ich jetzt nicht erklären. Frag später mal deine Mama.
Was ist später?
Wenn du geboren bist.

Was ist geboren?
Auf der Welt sein.
Bin ich das jetzt nicht?
Nein, oder doch, irgendwie schon, aber nicht so richtig. Du wirst es sehen, wenn es soweit ist. Das dauert aber noch. Bis dahin musst du schön wachsen.
Das mache ich *blubber-blubber-blubber*
Ich habe heute mit deiner anderen Oma gesprochen. Sie freut sich auch sehr auf dich.
Hat sie Memory und Taschentücher so wie du?
Klar doch.
Dann sag ihr, ich weiß, dass sie eine Oma ist.
Mach ich. Tschüss Babymäuschen.
Tschüss.

13. August

Hallo Babymäuschen!
Hallo!
Wie geht es dir?
Oioioioi ....
Nicht gut?
Nein, dieser ein-Papa hat meiner Mama wieder diese Currywurst gebracht.
Und sie hat sie gegessen?
Weiß nicht, mir ist schlecht, so schlecht! Du sag mal Ja?
Hat dieser Papa auch Memory und Taschentücher?
Bestimmt!

Dann ist dieser Papa eine Oma?
Nein.
Wieso nicht?
Öhm, weil er dein Papa ist, deshalb. Ein-Papa ist etwas ganz anderes als eine Oma.
Oh, das weiß ich!
Echt?
Ja, ein-Papa bringt Currywurst und eine Oma nicht.
Wie Recht du hast …
blubber-blubber-blubber
Wachse du schön, tschö, mein Babymäuschen.
Tschö, Oma.

14. August

Hallo Babymäuschen!
Hallo!
Wie geht es dir?
Gut.
Ich habe das Jäckchen gewaschen, welches deine Mama früher getragen hat. Das sollst du später anziehen.
Was ist ein Jäckchen?
Das ist ein Stück Stoff, das man anzieht, um nicht zu frieren.
Das ist nett, aber unnötig, ich friere nie.
Logisch, weil du es jetzt immer warm hast in deinem Wasser.
Du nicht?

Nein ich schwimme nicht in Wasser, welches warm ist.
Was machst du denn?
Ich laufe an der Luft und muss atmen.
Was ist atmen?
Luft holen mit den Lungen. Das wirst du in einigen Monaten üben.
Und jetzt brauche ich keine Luft?
Doch, aber deine Mama atmet für dich, sie versorgt dich damit.
Ja, meine Mama ist klasse!
Das kannst du laut sagen, Babymäuschen. Sie atmet jetzt für zwei.
Ist das nicht anstrengend für sie?
Ja, das ist es.
Weil ich ja auch schon sooo groß bin.
Richtig, schon zwei ganze Zentimeter groß bist du.
*Ich habe auch fleißig *blubber-blubber-blubber* gemacht.*

15. August

Hallo Babymäuschen!
Hallo!
Weißt du, ich warte so auf dich.
Was ist das, warten?
Das ist, wenn man unruhig ist und herumzappelt.
Oh, das mach ich auch. Schau her, ich zappel und zappel und zappel. Uiii, jetzt wird meiner Mama wie-

der schlecht. Ich höre lieber auf und schlafe ein wenig. Tschüss Oma.

Bis morgen, Babymäuschen.

16. August

Hallo Babymäuschen!

Hallo!

Alles gut bei dir?

Ja, danke. Mir geht es gut.

Außer wenn deiner Mama schlecht ist …

Ja, dann ist mir auch schlecht. Oder wenn meine Mama weint, dann weine ich auch. Aber wenn sie lacht, dann lache ich auch. Meistens lacht sie. Und wenn sie nachdenkt, dann denke ich auch nach.

Und über was denkst du dann nach?

Wie das so ist, wenn es später ist. Atmen, essen, laufen, ich habe keine Ahnung. Hier ist es so schön, warum soll ich mal hier weg?

Wenn du viel *blubber-blubber-blubber* machst, wirst du zu groß.

Zu groß?

Ja, aber wenn du auf der Welt bist, dann siehst du deine Mama.

*Das ist ein Wort *blubber-blubber-blubber**

17. August

Guten Morgen, Babymäuschen, heute wird sauber gemacht.

Oh, muss ich auch sauber machen? Was ist das denn?

Mit Wasser putzen. Wasser kennst du, darin schwimmst du herum.

Ah, ja, es ist so schön warm. Damit kann man putzen?

Nun ja, mit Wasser aus der Leitung.

Was ist denn sauber? Bin ich sauber?

Und wie! Niemand ist sauberer als du! Aber das wird nicht so bleiben. Dann macht dich deine Mama sauber, oder der Papa, oder ich.

Wenn das Wasser warm ist, bin ich einverstanden. Versprichst du mir das?

Klar doch!

*Na dann *blubber-blubber-blubber**

18. August

Hallo Babymäuschen!

Hallo!

Deine Mama sagte mir heute, es gehe ihr den Umständen entsprechend. Dir auch?

Was ist das, Umstände?

Das ist das, worin du und deine Mama seid.

Ach was, ich bin doch im warmen Wasser und nicht in Umständen.

Aber deine Mama schon.

Dann sollte die auch mal in warmes Wasser gehen.

Bei ihr heißt das baden, Babymäuschen.

Aha, bei mir auch?
Kann man so eigentlich nicht sagen. Bei dir ist das eigentlich ...
*Schon klar, ich weiß, bei mir ist das *blubber-blubber-blubber**
Volltreffer, Babymäuschen!

19. August

Hallo Babymäuschen!
Hallo!
Ist dir eigentlich nicht langweilig?
Was ist das?
Nun, da weißt du nicht, was du machen sollst.
*Oh, das weiß ich immer und wenn ich es doch nicht weiß, dann mache ich *blubber-blubber-blubber**
Ja, wachsen ist immer gut, das finde ich auch. Aber ich meine, was machst du eigentlich die ganze Zeit?
Heute habe ich gehorcht. Meine Mama hat wirklich eine sehr schöne Stimme.
Das weiß ich!
Hast du die Stimme schon einmal gehört? Horchst du auch?
Das brauche ich nicht, ich kenne die Stimme deiner Mama.
Woher denn?
Deine Mama ist mein Kind.
Was ist ein Kind?
Das was du bist.
Dann ist meine Mama ein Babymäuschen?

Nein, aber ein Mäuschen.
Das verstehe ich nicht.
Ist doch ganz einfach …
zzzzzzz
Ach, du bist eingeschlafen! Na, vielleicht ist das wirklich zu schwierig …

20. August

Hallo Babymäuschen!
Hallo!
Jetzt ist der Sommer schon fast vorbei …
Was ist das, Sommer?
Das ist die Zeit, wo die Sonne so schön warm scheint.
Dann ist bei mir Sommer und die Sonne scheint, denn hier ist es so schön warm.
Deine Mama macht aber bei dir, dass es so schön warm ist.
Dann ist meine Mama die Sonne.
In jedem Fall, Babymäuschen! Ich hab dich lieb.

21. August

Hallo Babymäuschen!
Hallo!
Heute war der erste Schultag. In einigen Jahren wirst du auch eingeschult werden.
Was macht man in der Schule?
Lernen, Babymäuschen. Da hat man eine nette Lehrerin, die einem vieles erklärt.

Weiß die alles?

Nun, sicherlich nicht alles.

Dann sollte diese Lehrerin aber erstmal ihre Mama fragen, bevor sie in die Schule geht!

Babymäuschen, du hast Recht – wie immer.

22. August

Hallo Babymäuschen!

Hallo! Ich bin sooo müde heute.

Gab es etwas Besonderes?

Ja, meine Mama und ich waren viel unterwegs. Ich wollte schlafen, weil es so schön schaukelte, aber dann waren da so viele Geräusche und ich wurde ganz kribbelig. Dann habe ich gezappelt und Mama wurde es schlecht – dann sind wir endlich nach Hause gefahren.

Ihr wart sicher einkaufen, so denke ich.

Das kann sein, jedenfalls war es nicht schön. Jetzt liegt Mama ganz ruhig auf der Couch und das ist prima. Wusstest du, dass ich fünf Fingerchen habe?

Ja, das habe ich mir gedacht.

Vielleicht sind es auch sechs oder sieben. Ach, frag einfach meine Mama.

Ach ja, die weiß alles.

Genau, aber meinst du, sie kann auch Fingerchen zählen?

Babymäuschen, gerade das kann sie, du würdest staunen.

23. August

Hallo Stübbchen!

Hallo? Hier ist Babymäuschen, nicht Stübbchen.

Stübbchen ist aber auch niedlich.

Ich bin Babymäuschen. Frag meine Mama.

Okay, schon gut. Dann eben Babymäuschen.

Wie geht es dir denn?

*Och, ganz gut. Ich mache heute viel *blubber-blubber-blubber**

Das ist gut, dann wirst du schön groß. Ich habe mir heute überlegt, eine kleine Jacke für dich zu kaufen.

Wenn ich groß werde brauche ich aber eine große Jacke und keine kleine!

Auch wieder wahr. Dann werde ich mal schauen, ob es große Jäckchen für große Babys gibt …

24. August

Hallo. Heute haben Mama und ich den ganzen Tag geschlafen. Ich habe gar nicht herumgezappelt und trotzdem war es Mama schlecht und mir auch. Was kann man da machen?

Ach, Babymäuschen, ganz ruhig liegen bleiben, es geht vorbei, glaube mir.

Dann waren da Stimmen – von diesem ein-Papa und noch ein-Papa.

Da war sicher dein Opa zu Besuch und hat mit deinem Papa geplaudert.

Was ist ein Opa?

Das wirst du noch erleben. Etwas Feines auf jeden Fall.
Wie eine Oma mit Memory und Schokolade?
Ja. Opas und Omas gehören zusammen.
Wie Mama und ich.
Genau, Babymäuschen, nun schlaf schön weiter. Bis morgen.
Tschö, Oma.

25. August

Hallo Babymäuschen!
Hallo!
Was hast du heute gemacht?
Mama und ich waren arbeiten, in der Bank.
Und du warst auch fleißig?
Was ist das, fleißig?
Das ist, wenn man etwas ganz dolle macht.
So wie ich herumzapple?
Genauso, ja.
Oh, dann war ich sehr fleißig.
Und ist deiner Mama wieder schlecht geworden?
Nee, der war vorher schon schlecht.
Arme Mama ...
Wieso? Sie hat doch mich!
Auch wieder wahr, mein Babymäuschen. Bis morgen, gute Nacht.
Gute Nacht, Oma.

26. August

Hallo Babymäuschen!

Hallo Babymäuschens Oma!

Was für eine nette Begrüßung. Das freut mich richtig bei dem schlechten Wetter.

Was ist Wetter und wieso kann dem auch schlecht sein?

Wetter ist das was draußen ist und dem ist nicht schlecht, sondern es ist schlecht, weil es den ganzen Tag geregnet hat.

Aha, was ist denn Regen?

Das ist Wasser, das von oben kommt. Da wird man ganz nass, brrr.

Das ist doch schön, ich bin die ganze Zeit nass.

Schon, aber dein Wasser ist warm, Regenwasser ist kalt, nicht schön …

Hat das Regenwasser keine Mama, die es warm macht?

Leider nicht, Babymäuschen.

Dann bleibe ich hier, solange es regnet.

Ein weiser Entschluss, Babymäuschen. Gute Nacht.

Gute Nacht, Oma.

27. August

Hallo Babymäuschen!

Hallo!

Heute war ich shoppen und habe mir Strampelhöschen für dich angesehen.

Hast du mir eines mitgebracht?

Nein, ich wusste ja nicht, welche Farbe ich nehmen sollte.
Was ist Farbe?
Na, eben rot und blau und so.
Verstehe ich nicht, was kann man denn damit machen?
Sachen verschönern.
Was für Sachen?
Alle und alles.
Auch mich?
Öhm, ja eigentlich schon.
Bin ich nicht schön?
Doch natürlich, Babymäuschen!
Dann brauche ich keine Farbe?
Nein, mein Schatz, nur deine Strampelhöschen.
Wenn es dann schöner ist, soll es mir recht sein.
Gut, dann kaufe ich demnächst eines. Gute Nacht.
Gute Nacht, Oma!

28. August

Hallo Babymäuschen, wie ist es dir heute ergangen?
Hallo Oma, ganz gut. Die Mama hat heute viel gelacht und ich weiß, was Lachen ist.
Und was ist das?
Das weißt du nicht? Ha! Das ist, wenn einem ganz warm im Bäuchlein ist.
Du, das kenne ich.
Lachst du auch viel?

Und wie! Wenn ich mal später auf dich aufpasse, dann lachen wir viel zusammen.

Dann ist uns ganz warm im Bäuchlein.

So wird es sein, Babymäuschen und jetzt schlaf schön.

Gute Nacht, Oma!

29. August

Hallo Babymäuschen, guten Abend!

Hallo!

Hast du heute schön *blubber-blubber-blubber* gemacht?

Klar, mach ich doch immer. Aber sag mal, weißt du, was Weinen ist?

Ja, das weiß ich, aber wieso fragst du?

Weil das heute dieser ein-Papa zu Mama gesagt, sie soll aufhören zu weinen. Was ist Weinen und warum hat sie geweint? Mir ist dabei ganz komisch im Bäuchlein geworden und meine Augen so nass.

Ja, dann hast du mitgeweint.

Oh, das war aber nicht schön. Warum haben Mama und ich denn geweint?

Das war sicher nichts Schlimmes. Wenn man schwanger ist, weint man ganz schnell.

Was ist schwanger?

Das ist das, was deine Mama mit dir ist.

Wie bitte? Mit mir? Das verstehe ich nicht. Mama ist doch immer mit mir, sie kann doch nicht ohne mich sein.

Das kann sie schon, aber das hat etwas mit Zeit zu tun.

Oma, du redest heute aber ganz schön komisch. Hast du etwa auch geweint? Dann schlaf mal jetzt schön, das machen Mama und ich auch. Gute Nacht!

30. August

Hallo Oma, Mama und ich sind heute schrecklich müde und schlafen die meiste Zeit. Ich kann also nicht lange mit dir reden. Sprich bitte leise und wecke meine Mama nicht auf!

Dann flüstere ich, Babymäuschen, und wünsche euch schöne Träume. Tschüss Schätzchen.

*Tschüss *gähn**

31. August

Hallo Babymäuschen!

Hallo! Mama und ich haben heute getanzt. Das war lustig.

Das glaube ich dir.

Hast du schon einmal getanzt?

Oh ja, schon oft.

Ich noch nie. Mir ist aber dabei ein wenig schlecht geworden.

Vielleicht war uns aber vorher schon schlecht, das weiß ich nicht. Hat das wieder etwas mit Zeit zu tun?

Ganz genau, Babymäuschen.

Dann ist die Zeit doof...

Manchmal ist das so.

Und wann?
Zum Beispiel, wenn man auf etwas wartet – so wie ich auf dich.
Das brauchst du doch nicht, ich bin doch schon da!
Stimmt auch wieder, Babymäuschen. Gute Nacht.
Gute Nacht, Oma.

1. September

Hallo Babymäuschen!
Hallo!
Wie geht es dir heute?
Mir tut der Kopf so weh.
Oh je ...
Was sind Kopfschmerzen?
Du hast Kopfschmerzen und weißt nicht, was das ist?
Ist das schlimm? Mama ist heute ganz still und hat gesagt, dass sie Kopfschmerzen hat.
Also hat deine Mama Kopfschmerzen und nicht du.
Doch, ich, oder wo ist der Unterschied zwischen Mama und mir?
Da gibt es schon einen, Babymäuschen.
Das glaube ich nicht, denn wenn es Mama nicht gut geht, geht es mir auch nicht gut ... also. Mama und ich sind eins.
Wenn du das sagst, wird es wohl stimmen. Aber warte mal ab, in einem halben Jahr ...
Ja, Oma, und dann sehen wir, wer Recht hat.
Abgemacht, Babymäuschen.

Abgemacht, Oma. Gute Nacht!

2. September

Hallo Babymäuschen, ich weiß was.

Hallo! Und was?

Ich weiß, dass du genau 2,9 cm groß bist.

Uiii, das ist ja toll. Und woher weißt du das?

Von deiner Mama, die hat dich heute messen lassen. Hast du das nicht gemerkt?

Nein, hat es so geschaukelt, dass ich immer wieder eingeschlafen bin. Wieso hat Mama mich denn messen lassen?

Damit man weiß, ob du dich gut entwickelst.

Aber das mache ich doch, deswegen braucht Mama mich nicht zu messen! Sind 2,9 cm groß?

Natürlich! Für dein Alter sind sie ganz prima, Babymäuschen.

Und wie groß werde ich denn, wenn ich *blubber-blubber-blubber* mache?

So etwa 50 cm.

Weißt du das genau?

Ja, schon.

Lässt Mama mich dann wieder messen?

Klar doch!

Und wenn ich nicht so groß werde, was passiert dann? Will Mama mich dann nicht haben?

Aber Babymäuschen! Mama will dich immer haben. Wenn du nicht so groß wirst, ziehen wir dich ein bisschen.

Oh, das ist prima! Dann kann ich jetzt wieder ruhig schlafen. Gute Nacht, Oma!

Gute Nacht, Babymäuschen.

3. September

Hallo Babymäuschen!

Hallo!

Mama ist sicher, dass du ein Junge bist.

Ist das ein Geschlecht?

Ja.

Was ist ein Junge?

Ein kleiner Mann. Dein Papa ist auch ein Mann.

Und Mama?

Ein Mädchen.

Dann will ich aber lieber ein Mädchen sein, wie Mama.

Warte es ab, Babymäuschen. Aber ob Junge oder Mädchen, Babymäuschen ist Babymäuschen.

Oma, das hast du fein gesagt. Gute Nacht!

Gute Nacht.

4. September

Hallo, mein Babymäuschen. Ist alles gut bei dir?

Hallo! Aber immer! Möchtest du wissen, wie stark ich schon bin?

Ja, sag mal.

Hier sieh mal, wie ich mit meinen Beinen strampeln kann. Rings um mich her wirbelt es durcheinander.

Das ist das Wasser, in welchem du schwimmst.

Was ist schwimmen?

Na, mit den Armen und Beinen rudern.

Das mache ich doch, also Oma, manchmal wundere ich mich schon über dich.

Ach was ... aber ob stark sein, schwimmen oder strampeln ... nun ist es Zeit zum Schlafen. Gute Nacht, mein kleines Babymäuschen.

Gute Nacht, kleine Oma.

5. September 6 Uhr morgens

Huhu, Oma!

Upps, Babymäuschen, du bist aber früh wach.

Ja, Mama und ich konnten nicht mehr schlafen und da haben wir Wäsche gebügelt. Was ist bügeln?

Das ist, wenn man etwas glättet.

Muss man mich auch glätten?

Nein, Babymäuschen, du bist glatt genug. Alte Omas hätten es manchmal nötig.

gähn

Legt euch wieder hin und schlaft noch etwas, es ist noch so früh.

Das machen wir, bis später, Oma!

Bis später, Babymäuschen.

6. September

Babymäuschen, schläfst du schon?

Noch nicht, Oma, aber wir sind sehr müde. Mama, ich und dieser ein-Papa waren heute den ganzen Tag unterwegs.

Was habt ihr denn gemacht?

Papa hat nach einem Kinderwagen für mich geschaut. Wofür brauche ich denn einen Kinderwagen?

Na, für später, weil du dann mit deinen kleinen Beinchen noch nicht laufen kannst.

Aber ich muss doch nicht laufen, ich bin doch im Wasser. Du sag mal, dieser ein-Papa weiß aber rein gar nichts.

Doch, der weiß ziemlich viel.

Also nur Mama weiß alles.

Habt ihr denn nun einen Wagen gefunden?

Nein, alle passten nicht. Bin ich vielleicht schon zu groß?

Eher zu klein, Babymäuschen.

*Na dann mache ich vor dem Schlafen noch *blubber-blubber-blubber*, damit ich in meinen Kinderwagen passe.*

Mach das und dann schlaf schön, Babymäuschen. Allerdings: Im Schlaf wächst man am meisten.

7. September

Hallo Oma, heute war es aufregend!

Was war denn so aufregend, Babymäuschen?

Ich habe telefoniert! Was ist telefonieren?

Da spricht man mit jemandem, der weit weg ist und den man nicht sieht.

Dann telefonieren wir beide jetzt? Wir sehen uns doch nicht.

Nein, das hast du falsch verstanden.

Ach, wie die Mama heute. Sie rief immer: „Ich verstehe dich nicht!"

Dann hatte die Mama wohl eine schlechte Verbindung.

Haben wir die auch, Oma, weil ich das nicht verstanden habe?

Nein, unsere Verbindung ist prima, Babymäuschen. Wir verstehen uns prächtig.

Das finde ich auch. Gute Nacht, Oma.

Gute Nacht, Babymäuschen.

8. September

Hallo Babymäuschen!

Hallo!

Na, hast du heute auch schön *blubber-blubber-blubber* gemacht?

Weiß nicht, Mama und ich hatten viel Arbeit und da hat es so geschaukelt, dass ich immer wieder eingeschlafen bin.

Schlafen ist gut, Babymäuschen.

Aber auch langweilig. Als ich dann wach war, habe ich meine Fingerchen gezählt.

Und wie viele Fingerchen hast du?

Dreihundertneunzigtausend.

Bist du sicher?

Natürlich! Mama hat mehrmals gesagt: „Dreihundertneunzigtausend", während ich zählte.

Und sie meinte deine Fingerchen?

Sicher, was denn sonst?

Vielleicht hatte diese Zahl etwas mit ihrer Arbeit zu tun.
Nee, ganz bestimmt mit meinen Fingerchen.
Das werden wir ja sehen, wenn du geboren bist, Babymäuschen.
Ja, das werden wir.
Gute Nacht, Babymäuschen.
Gute Nacht, Oma.

9. September

Hallo Babymäuschen!
Hallo!
Ist alles klar bei dir?
Aber immer, Oma! Ich bin schon sooo viel gewachsen. Kannst du das sehen?
Nein, leider kann ich das nicht sehen, höchstens, wenn der Mama der Bauch ganz doll wächst.
Was hat denn Mamas Bauch mit mir zu tun? Wenn ich wachse, wird doch mein Bauch größer und nicht Mamas.
Das hat eine Menge mit Mamas Bauch zu tun, das kannst du mir glauben. Am besten ist, wenn du dir später mal Fotos von Mama ansiehst.
Was sind Fotos?
Bilder von den Menschen. Von dir gibt es auch schon Bilder.
Echt? Und wie sehe ich aus?
Total schön, Babymäuschen.
So schön wie Mama?

Ja, so schön wie deine Mama.
*Das ist gut *blubber-blubber-blubber**

10. September

Hallo Babymäuschen!
Hallo!
Du hast es gut. Es muss doch schön sein, so klein zu sein, im warmen Wasser zu schwimmen und so viel Platz zu haben.
Aber das hat doch jeder.
Ich nicht und warmes Wasser habe ich nur in der Badewanne.
Außerdem bin ich nicht klein. Ich bin 2,9 cm groß und bestimmt noch größer geworden. Ich hoffe, Mama lässt mich bald wieder messen, dann wirst du aber staunen. Lässt deine Mama dich auch messen?
Nein, meine Mama telefoniert immer nur mit mir. Weißt du, Omas werden auch nicht mehr gemessen.
Warum denn nicht? Will keiner wissen, wie groß du bist?
Nein, eigentlich nicht.
Und warum will man das bei mir wissen?
Weil du ein Babymäuschen bist.
Also Babymäuschen werden gemessen und Omas telefonieren.
Ja, so ungefähr kann man das sagen.
Was ich alles so lernen muss ... da werde ich ganz müde.
Dann schlaf, Babymäuschen. Gute Nacht.

Gute Nacht, Oma.

11. September

Hallo Babymäuschen!
Hallo! Du sag mal, was ist ein Baby und was ist ein Mäuschen?
Nun, ein Baby ist das, was du mal wirst und ein Mäuschen ist ein kleines Tier.
Dann bin ich halb ein Baby und halb ein Tier?
Nein, Mäuschen ist nur ein Kosename für dich.
Und ich dachte, Babymäuschen wäre mein Name.
Ach wo, du bekommst noch einen richtigen Namen.
Welchen denn?
Das weiß ich nicht.
Dann frag doch mal die Mama.
Ob die das schon weiß, kann ich nicht sagen. Ich glaube, die überlegt noch. Und außerdem hat der Papa da mitzureden.
Dieser ein-Papa? Wieso denn das?
Weil er dein Papa ist. So ist das eben. Und übrigens heißt er nicht ‚dieser ein-Papa', sondern ‚Papa'.
Aha, komischer Name: Papa. Wie hieß denn dein ein-Papa?
Papa.
Dann heißen alle ein-Papas Papa?
Babymäuschen, *seufz*; manchmal bist du mir einfach zu logisch ... das musst du von deiner Mama haben.
Na, wenigstens nicht von Papa, hihi.

Gute Nacht, Babymäuschen.
Gute Nacht, du ein-Oma.

12. September

Hallo Babymäuschen!
Hallo!
Wie war es heute?
Spannend! Mama und ich waren mit diesem ein-Papa unterwegs.
Und wo seid ihr gewesen?
Ich weiß nicht, aber da hat jemand gesprochen. Ich habe Urteil verstanden.
Oh, dann wart ihr im Gericht.
Was ist Gericht?
Da werden Leute verurteil, die sich schlecht benommen haben.
Benehme ich mich schlecht?
Aber nein, Babymäuschen, und selbst wenn, so werden Winzlinge wie du nicht verurteilt.
Da bin ich aber froh. Warum ist ein-Papa denn im Gericht? Hat er sich schlecht benommen?
Nein, das ist ein Teil seiner Arbeit.
Was ist Arbeit?
Das ist das, was die Menschen den ganzen Tag tun.
Ein-Papa arbeitet also im Gericht, ja? Und die Mama in der Bank.
Genauso ist es.
Und du?
Ich arbeite zuhause.

Und was arbeitest du zuhause?
Ich schreibe Bücher.
Was sind Bücher?
Babymäuschen, das erkläre ich dir morgen. Jetzt sollst du schlafen und ich auch. Gute Nacht.

13. September

Hallo Babymäuschen!
Hallo! Also nun sag mal, was sind Bücher?
Das sind so Dinge, da stehen Geschichten drin.
Was sind denn Geschichten?
Das ist das, was wir beide uns so erzählen.
Aha, und die sind dann in den Büchern?
Ja.
Auch das, was wir gerade jetzt erzählen?
Ich hoffe es.
Uiii … jetzt weiß ich gar nicht, was ich sagen soll …
Dann sag ich mal: Gute Nacht, Babymäuschen. Vielleicht fällt dir morgen wieder etwas ein.
Gute Nacht, Oma.

14. September

Hallo Babymäuschen!
Hallo Oma! Weißt du schon, dass ich Zehen habe?
Wirklich?
Ja, ist das nicht toll? Und weißt du auch, was das Tollste ist?
Nein.

Sie sind 4 mm groß. Was sagst du nun?
Ich staune, Babymäuschen!
Mama hat das heute gesagt. Du, wir haben heute Kuchen gebacken!
Das war toll, aber mir ist wieder etwas schlecht geworden, Mama auch. Magst du Kuchen?
Klar! Aber noch lieber Brötchen mit Käse.
Und Mama und ich Fleischwurst. Was ist Fleischwurst?
Na, eine Wurst und ziemlich lecker. Mögen alle Kinder gern.
Bin ich ein Kind?
Aber sicher, Babymäuschen.
Deshalb mag ich das so gerne. Ist Mama auch ein Kind?
Nein, deine Mama ist eine Mama.
Und warum mag sie dann gerne Fleischwurst?
Du stellst Fragen, Babymäuschen ...
Bist du müde, Oma?
Ja *gähn*
Dann solltest du schlafen. Gute Nacht.
Gute Nacht, Babymäuschen.

15. September

Hallo Babymäuschen!
Hallo!
Heute hat deine Uroma Geburtstag. Sie wird 90 Jahre alt.
Was ist Geburtstag?

Das ist der Tag, an dem man geboren worden ist.

Das betrifft mich nicht.

Aber sicher doch, denn auch du wirst geboren werden.

I wo, ich bleibe für immer hier. Hier ist es so schön! Warum sollte ich weg?

Nun, dann würdest du aber auch nie Geburtstag feiern und Kuchen essen können ... und dann all die schönen Geschenke bekommen.

Hast du schon einmal Geburtstag gefeiert?

Oh ja, schon oft.

Und die Mama auch?

Klar!

Hm, dann überlege ich mir das mal. Aber jetzt bin ich müde. Mama und ich wollen schlafen.

Gute Nacht, Babymäuschen – und was eine Uroma ist, erkläre ich dir dann morgen.

16. September

Hallo Babymäuschen!

Hallo Oma! Was ist denn nun eine Uroma? So etwas wie eine Oma mit Memory und Taschentüchern?

Ja, eine Uroma ist die Mama einer Oma. Verstehst du das?

Natürlich! Kannst du das bitte noch einmal erklären? Ich meine, hat meine Mama eine Uroma?

Sie hatte eine, ja. Das war früher.

Was ist früher?

Das Gegenteil von später.

Was ist ein Gegenteil?
Das Umgekehrte.
Wie wenn ich rumturne und auf dem Köpfchen stehe?
Jaaa, genauso.
Dann steht Mamas Uroma auf dem Kopf, ich verstehe.
Au weia, das muss ich dir später aber noch einmal richtig erklären.
Stehst du dann auf dem Kopf?
Ich hoffe nicht, Babymäuschen.
Och, das wäre aber sicher lustig. Gute Nacht, Oma.

17. September

Hallo Babymäuschen!
Hallo Oma!
Jetzt bist du bald 12 Wochen alt.
Uiii, gibt es mich schon lange. Wie lange gibt es dich denn?
Schon über 64 Jahre.
Und die Mama?
30 Jahre.
Warum gibt es denn die Mama nicht so lange wie dich?
Nun, erst kommt die Mama und dann das Kind, erst die Oma, dann die Mama.
Erst die Mama und dann das Babymäuschen.
Du verstehst rasch, wie die Mama.
Wie die Mama so das Kind.
Du bist ein kluges Babymäuschen.

Das kommt daher, weil ich so viel *blubber-blubber-blubber* mache.

So wird es sein. Bis morgen, mein Babymäuschen.

Bis morgen, Oma und versuche mal, auch *blubber-blubber-blubber* zu machen, damit du schlau wirst.

18. September

Oma, Oma, heute war es aufregend!

Hallo Babymäuschen, dann erzähle mal!

Also, der Mama und mir war es viel zu warm. Da sagte Mama: „Ich brauche ein Eis!" Dann wurde es neben mir auf einmal ganz kalt und ich habe mich zusammengerollt. Das kann ich prima. Und dann ging es uns ganz wunderbar, aber warum, weiß ich nicht. Weißt du das?

Ich denke ja. Deine Mama hat ein Eis gegessen, das lief dann langsam in ihren Bauch, daher wurde es neben dir ein wenig kalt. Und da Eis sehr lecker ist und der Mama nicht mehr so schlecht ist, ging es ihr wunderbar. Und wenn es deiner Mama gut geht, geht es dir auch gut. Ihr habt also ein Eis zu euch genommen.

Aha, dann werde ich das machen, wenn dieses ‚Später' gekommen ist. Oder was denkst du?

Mit Sicherheit wirst du das machen, Babymäuschen. Ich wünsche dir jetzt schon guten Appetit.

Und ich dir auch, Oma.

19. September morgens 8 Uhr

Hallo Babymäuschen!

Hallo! Wo warst du denn gestern? Ich habe auf dich gewartet.

Tut mir eid, ich habe lange telefoniert.

Und mit mir konntest du nicht telefonieren?

Das können wir ja jetzt machen, was hältst du davon?

Au ja, rufe mich an!

Wie ist denn deine Nummer?

Hmm, Mama ist 1, dann bin ich 2.

Gut, dann wähle ich jetzt die 2: *wähl* *klingeling*

Hallo? Hier Babymäuschen, wer ist da?

Hallo! Hier ist Oma.

Hallo Oma, wie schön, dass du mich anrufst.

Wie geht es dir?

Danke gut, und dir?

Auch gut. Und was machst du so?

Heute backen Mama und ich eine Torte, eine blaue Torte – für die Uroma zum Geburtstag.

Das ist schön, aber nascht nicht zu viel, damit euch nicht schlecht wird.

Keine Sorge, Oma. Aber jetzt habe ich keine Zeit mehr, um mit dir zu telefonieren, wir müssen Teig rühren. Tschüss Oma, ich lege jetzt auf.

Tschüss, mein Babymäuschen. War nett mit dir zu plaudern.

20. September

Hallo Oma! Du bist da?

Hallo, mein Babymäuschen. Ja, es ist doch Abend, da plaudern wir doch immer miteinander.

Stimmt, aber ich meine, weil du doch heute Morgen hier warst.

Das war doch das Plauderstündchen für gestern.

Ach so – was ist gestern?

Der Tag vorher.

Ist das so etwas wie später?

Ganz genau, nur das Gegenteil davon.

Wieder ein Gegenteil. Wie viele gibt es denn davon?

Hm, wenn ich recht überlege, dann hat eigentlich alles ein Gegenteil. Aber das ist ja schon philosophisch.

Was ist …?

… philosophisch?

Ja.

Ach, Babymäuschen, das ist aber wirklich eine zu schwere Frage für einen Samstagabend.

Gut, dann frage ich an einem anderen Abend.

Mach das, und jetzt schlaf schön. Gute Nacht, Babymäuschen.

Gute Nacht, Oma, bis morgen. Und sei pünktlich!

21. September spät

Hallo Babymäuschen!
Hallo!
Na, war der Geburtstag heute nicht toll?

Wie? Was? Geburtstag?

Ja, wir haben heute doch den 90. Geburtstag der Uroma gefeiert. Du warst mit Mama da und der Papa war auch dabei.

Wo war ich?

Hier in Wuppertal. Wie haben gefeiert, Kuchen gegessen …

Ich weiß von nichts, ich habe geschlafen.

Hast du nicht gehört, wie wir gesungen haben? Dein Papa hat das Geburtstagslied angestimmt.

Dieser ein-Papa? Ach, ja, das hat mich kurz aufgeweckt. War schön! Aber dann habe ich weitergeschlafen.

Süß hast du ausgesehen.

Du hast mich gesehen?

Nun ja, indirekt …

Was ist indirekt?

Ich wusste es …

Was wusstest du?

Dass du das fragst.

Und was ist das nun?

Hm, nicht ganz dabei aber auch nicht weg.

Wie? Was? Das soll ein Babymäuschen verstehen … da schlafe ich lieber direkt ein. Gute Nacht, Oma!

Und damit bist du nicht mehr indirekt. Gute Nacht, mein Babymäuschen.

22. September

Hallo Babymäuschen, wie war heute dein Tag?

Hallo! Weiß nicht, war so sehr mit *blubber-blubber-blubber* beschäftigt. Die Mama will mich sicher bald wieder messen lassen und da will ich besonders groß sein.

Das ist gut, Babymäuschen, wachse du schön. Draußen ist jetzt Herbst, dann kommt der Winter und danach kommst du, im Frühling. Ich bin auch ein Frühlingskind.

Bist du deshalb meine Oma?

Klar doch.

Und die andere Oma? Ist die auch ein Frühlingskind?

Nein, ein Herbstkind.

Und die Mama?

Die ist ein waschechtes Frühlingskind.

Und dieser ein-Papa?

Ein Sommerkind.

Meine Güte ... aber Mama, du und ich, wir sind Frühlingskinder. Das ist prima.

So ist es und nun schlaf schön, mein Babymäuschen.

Du auch, Frühlingsoma, gute Nacht!

23. September

Hallo Babymäuschen!

Hallo Frühlingsoma!

Heute ist Herbstanfang und es war schon ziemlich kalt.

Was ist kalt?

Das Gegenteil von warm.

Schon wieder ein Gegenteil ... also hier bei mir ist es immer mollig warm. Wie ist kalt?

Nicht schön. Man muss zittern und mit den Zähnen klappern.

Was sind Zähne?

Ach Babymäuschen, das erfährst du noch früh genug. Man braucht sie zum Beißen.

Wozu muss man den beißen?

Na, wenn man etwas essen will. Man muss doch essen als Mensch.

Also ich nicht und dabei bin ich doch ein Mensch.

Für dich isst deine Mama.

Ach hör auf, uns war heute wieder so schlecht. Am besten sollte Mama gar nichts mehr essen.

Na, manchmal macht Essen aber auch Spaß, denk mal an den Eisbecher.

Hihi, ja, der war toll.

Und es gibt noch andere tolle Sachen wie Schokolade.

Die es von einer Oma gibt ...

Genau das, Babymäuschen, darauf kannst du dich freuen.

Dann freue ich mich schon mal.

Gute Nacht, Babymäuschen.

Gute Nacht, Schokoladenoma.

24. September

Hallo Babymäuschen!

Hallo!

Wie war es heute?

Mama und ich haben heute gefroren.

Wie, du auch?

Mir ist immer warm, aber wenn Mama friert, dann habe ich im Bäuchlein Gänsehaut – also friere ich, oder nicht?

Hm, ja, wird schon so sein.

Damit der Mama wieder warm wird, habe ich mich zusammengerollt und mit den Ärmchen gerudert.

Hat das geholfen?

Oh ja! Denn da wurde es ihr so warm, dass wir ein Eis gegessen haben. Dabei wurde es uns aber wieder kalt.

Das war ja ein tolles hin und her bei euch heute. Wie ging es denn aus?

*Ich weiß nicht, ich habe dann ganz viel *blubber-blubber-blubber* gemacht und bin danach eingeschlafen. Als ich wach wurde, waren wir zuhause und lag ich mit Mama auf der Couch. Ich glaube, dann haben wir nicht mehr gefroren.*

Na, dann ging der Tag ja gut zu Ende. Und jetzt wird geschlafen, nicht wahr?

Natürlich, Mama und ich sind ja immer müde. Aber weißt du, wenn Mama müde ist, werde ich wach.

Und wenn Mama wach ist und herumläuft, schläfst du ein, stimmt's?

Woher weißt du das?

Nun, ich war auch mal eine Mama und ein Babymäuschen.
Gute Nacht!
Gute Nacht!

25. September

Hallo Babymäuschen!
Hallo! Du sag mal, was sind Kinder?
Nun, du bist ein Kind.
Ich? Das kann nicht sein. Ich bin doch ein Babymäuschen.
Du bist aber auch ein Kind. Aber sag mal, wieso fragst du?
Weil Mama und ich heute zu Besuch waren und da waren Kinder.
Ich bin also auch ein Kind? Was machen Kinder denn so?
Den ganzen Tag spielen.
Was ist spielen?
Das weißt du nicht? Du spielst doch auch: Zusammenrollen, mit den Ärmchen rudern, blubbern und so.
Aha, spielst du auch?
Oh ja, jeden Abend spiele ich mit Opa Scrabble.
Das will ich auch spielen. Wie geht das denn?
Also scrabbeln musst du als Babymäuschen wirklich noch nicht können. Wenn du geboren bist, dann beginnen wir mit Singspielen und du bekommst als erstes bestimmt ein Rässelchen.

Was macht man damit?
Rasseln.
Rasseln? Nur rasseln? Da will ich aber lieber mit Opa und dir scrabbeln.
In acht Jahren, Babymäuschen, ja?
Gut, in acht Jahren und bis dahin rassele ich mit meinem Rässelchen.

26. September

Huhu, Oma!
Huhu, Babymäuschen!
Mama und ich haben viel zu tun. Da gibt es ein Fest oder so.
Ja, ich weiß, ein Junggesellinnenabschied.
Was ist das denn?
Ach, ein Fest, auf dem es viel Spaß gibt.
Aha, und warum sind Mama und ich dann im Stress?
Weil das im Vorfeld auch viel Vorbereitungsarbeit ist.
Soso, was ist denn eigentlich Stress?
Etwas Unangenehmes und es betrifft dich nicht.
Doch, tut es. Wenn Mama im Stress ist bin ich es auch.
Und was geschieht dann?
Mama läuft hin und her.
Und du?
Ich schlafe dann ein.
Schlafen ist aber kein Stress.
Nicht? Oh …

Deshalb wünsche ich dir jetzt eine gute Nacht, schlaf gut, Babymäuschen.
Gute Nacht!

27. September

Hallo Babymäuschen!
- - -
Hallo?
- - -
Babymäuschen?
Ich bin völlig fertig ...
Was ist denn los?
Heute war diese Feier.
Und wie ging es dir dabei?
Och, ich habe die ganze Zeit geschlafen, aber Mama ist hin und her gelaufen. Deshalb bin ich todmüde und völlig hinüber.
Also du hast geschlafen und bist völlig fertig.
Ja, Mama und ich sind das ...
Ach so, ja, weil Mama und du immer dasselbe sind.
Natürlich, ist doch klar.
Stimmt, ist völlig klar. Deine arme Mama.
So arm ist die nicht, sie hat doch mich! Was ist arm?
Wenn man von etwas zu wenig hat.
Hat Mama nicht, Mama hat Babymäuschen.
Ja, zum Glück hat sie dich.
Und wen hast du?
Deine Mama.

Meine Mama ist dein Babymäuschen?

Nun ja *hüstel*, wenigstens war sie das früher mal, vor 30 Jahren.

Und was bin ich in 30 Jahren?

Also das ist jetzt zu kompliziert, um es zu erklären – und bevor du fragst, was ‚kompliziert' bedeutet, wünsche ich dir schnell eine gute Nacht.

Gute Nacht, Oma.

28. September

– – –

29. September morgens

Huhu Babymäuschen!

Hallo! Wo warst du gestern Abend? Ich habe auf dich gewartet.

Ich war so müde und habe früh geschlafen, aber dafür bin ich ja heute da. Wie geht es dir?

Gut. Gestern habe ich den ganzen Tag Übungen gemacht. Ich habe meine Ärmchen und Beinchen gestreckt, damit ich größer aussehe, wenn Mama mich wieder messen lässt. Wie viele Zentimeter muss ich groß sein? Eine Million?

Um Himmels willen, nein.

Meinst du, ich bin groß genug?

Auf jeden Fall, Babymäuschen. Mach dir da mal keine Gedanken.

Ja, gut, wenn du meinst. Ansonsten war es gestern sehr langweilig. Mama und ich waren nur zu Hause und dieser ein-Papa auch. Wir haben Kuchen gegessen, das war schön.

Und was machst du heute?

Ich glaube, Mama und ich müssen heute arbeiten, aber ich möchte lieber spielen.

Dann spiel du mal schön, Babymäuschen. Viel Spaß dabei. Bis heute Abend.

Bis dann, Oma!

mittags

Hallo Babymäuschen!

Hallo! Wieder da?

Ja, hab gerade Zeit. Wie geht es dir?

Wir haben Probleme

Oha, welche denn?

Uns ist die Hose zu eng. Was soll ich machen?

Ich weiß nicht.

Ich halte mal die Luft an.

Aber Babymäuschen, du holst doch keine Luft.

Stimmt auch wieder. Dann ziehe ich mal den Bauch ein. Das macht Mama auch heute den ganzen Tag.

Dein winziges Bäuchlein?

Nun ja, ich muss Mama doch helfen. Bin ich das schuld, dass Mama die Hose nicht mehr passt?

So kann man das nicht sagen, das ist einfach so, wenn ein Babymäuschen unterwegs ist.

Na, ich hoffe, es ist morgen besser und Mama passt wieder in ihre Hosen.

Das glaube ich nicht, es wird eher noch schlimmer.

Meinst du wirklich? Oh je, was kann man da denn machen?

Keine Sorge, Mama weiß schon, was zu tun ist. Sie kauft einfach neue, weitere Hosen.

Und ich muss dann nicht mehr mein Bäuchlein einziehen?

Nein, du kannst es herausstrecken, so weit du nur kannst. War aber lieb von dir, es zu versuchen.

Uff, das tut gut ...

30. September morgens

Hallo Babymäuschen!

Hallo Oma, ich habe aber keine Zeit für dich, denn Mama und ich haben heute einen wichtigen Termin. Was ist ein wichtiger Termin?

Nun, dann trifft man sich und führt ein wichtiges Gespräch.

Führen wir beide gerade ein wichtiges Gespräch?

Klar doch.

Wie schön, dann habe ich auch einen wichtigen Termin. Einen wichtigen Termin mit meiner Oma.

Finde ich auch schön.

Worüber sprechen wir denn Wichtiges?

Zum Beispiel darüber, wie sehr du gewachsen bist.

Guck mal, ich strecke mich aus. Kannst du das sehen?

Nein, leider nicht.

Schade, aber ich bin echt schon viel größer als gestern.

Das glaube ich dir unbesehen, denn du wächst doch jeden Tag ein bisschen.

Liebe Oma, ich danke dir für dieses wichtige Gespräch. Ich gehe nun mit Mama zu ihrem wichtigen Termin. Bis später mal.

Tschüss, Babymäuschen.

abends

Hallo Babymäuschen, na, wie war es denn heute?

Hallo, Oma. Prima war es. Der wichtige Termin war sehr wichtig und Mama und ich waren klasse.

Das glaube ich. Und was macht ihr jetzt?

Wir probieren gerade neue Hosen an, die Mama sich hat schicken lassen. Die passen uns ganz toll. Was sind eigentlich Hosen?

Das ist etwas, was man über die Beine zieht, damit man nicht friert.

Also ich friere ja nie und deshalb brauche ich auch keine Hosen.

Jetzt nicht, aber später schon, wenn du geboren bist. Ich wette, die Mama besorgt schon bald kleine Hosen für dich.

Ach, ich weiß nicht, dann kann ich ja gar nicht mehr schön mit den Beinchen strampeln.

Keine Sorge, Babymäuschen, es gibt extra Strampelhöschen für Babymäuschen.

*Echt? Na, dann ist es ja gut *gähn**

Dann schlaf mal schön, gute Nacht!

Gute Nacht, Oma.

1. Oktober

Hallo Babymäuschen!
Hallo!
Na, wie ging es dir heute?
Super! Mama und ich hatten frei und waren den ganzen Tag im Garten. Mama hat die ganze Zeit gesungen, es war sehr schön. Was ist ein Garten?
Ein wunderschöner Ort mit viel frischer Luft zum Atmen.
Ach, dann ist das nichts für mich, denn ich brauchte ja nicht zu atmen.
Zurzeit noch nicht, aber später schon. Und wenn deine Mama viel frische Luft atmet geht es dir auch gut. Und im Garten kann man so schön spielen.
Hast du auch einen Garten?
Ja, und ich war heute auch den ganzen Tag dort.
Ich möchte dann auch mal in deinen Garten, Oma.
Klar, den wirst auch sehen – später mal.
Immer später, das ist richtig doof. Wann ist denn später?
Noch ein halbes Jahr, Babymäuschen, dann ist später.
Ist das noch lang?
Eigentlich schon, ja. Aber wir führen in der Zeit einfach wichtige Gespräche.
Das machen wir Oma. Bis morgen.
Schlaf schön, Babymäuschen.

2. Oktober

Hallo Babymäuschen!
Hallo!
War das heute ein schöner Tag.
Ja, es war wunderschön heute. Mama und ich waren heute zuhause und dieser ein-Papa war da. Wir haben zusammengesessen und über dieses ‚später' geredet. Ich soll ein Kinderzimmer bekommen. Was ist das denn?
Etwas Schönes ist das, ein eigenes Zimmer mit eigenen kleinen Möbeln, einem Babybettchen und sicher mit Spielsachen. Du kannst dich freuen.
Hast du auch ein eigenes Zimmer?
Ja, hab ich.
Mit kleinen Möbeln?
Nein, mit großen.
Ach so. Was sind denn Möbel?
Na, zum Beispiel Stühle zum Draufsetzen und Betten zum Hineinlegen, wenn man müde ist und schlafen will.
So ein Blödsinn! Das brauche ich wirklich nicht, ich sitze oder liege nie, sondern schwimme doch die ganze Zeit. Da vertut sich dieser ein-Papa aber mal wieder.
Zurzeit schwimmst du doch noch, aber später nicht mehr. Dein Papa hat da vollkommen Recht.
Ach, das glaube ich nicht, du wirst schon sehen.
Ja, ich sehe dich jetzt schon in deinem Bettchen liegen und süß schlafen.
Hihi, aber jetzt schlafe ich erst noch hier. Gute Nacht, Oma.

Gute Nacht, Babymäuschen.

3. Oktober

Hallo Babymäuschen!

Hallo, Oma. Gut, dass du da bist. Es war sooo langweilig heute. Mama und ich waren müde und haben uns den ganzen Tag ausgeruht. Ich war aber gar nicht müde und habe die ganze Zeit herumgeturnt. Das hat Mama nervös gemacht und dann hatte ich ein komisches Gefühl im Bäuchlein.

Also was denn nun, warst du müde oder nicht?

Mama und ich sind immer dasselbe, aber heute nicht.

Aha, du hast also doch dein eigenes Köpfchen.

Ja, ganz genau! Was ist ein eigenes Köpfchen?

Ein eigener Wille, dass man nur das macht, was man selber möchte.

Aha. Also ich möchte immer das, was Mama möchte – nur heute mal nicht.

Sag ich ja, mein kleines Trotzköpfchen.

Hast du auch einen eigenen Willen?

Klar!

Daher verstehen wir uns gut, nicht wahr?

Unter anderem, ja.

Und jetzt wollen Mama und ich schlafen gehen. Gute Nacht, Oma.

Schlaf schön, Babymäuschen.

4. Oktober

Hallo Babymäuschen!
Hallo!
Du liebe Güte, war das warm heute.
Also bei mir ist es immer warm. Was regst du dich auf?
Ich mag es lieber kühler.
Warum?
Weil ich nicht schwitzen mag.
Was ist schwitzen?
Nun, wenn einem der Schweiß herunter läuft.
Und das magst du nicht?
Nein. Es gibt doch auch Dinge, die du nicht magst.
Das stimmt. Ich mag es nicht, wenn Mama traurig ist.
Ich auch nicht, Babymäuschen.
Dann mögen wir beide etwas nicht, ist das nicht prima?
Das finde ich auch. Und jetzt bin ich müde *gähn*.
*Ich auch *gähn*.*
Gute Nacht, Babymäuschen.
Gute Nacht, Oma.

5. Oktober

Hallo Babymäuschen!
Hallo, Oma! Mama und ich waren heute superchic. Wir haben die neuen Sachen getragen, diese Umstandskleidung. Dieser ein-Papa hat gestaunt und die anderen Leute auch.

Das ist ja toll. Dann haben euch die neuen Sachen gut gestanden.

Und wie! Und dann hat Mama eine kleine Hose für mich geschenkt bekommen. Aber die brauche ich ja gar nicht.

Noch nicht, Babymäuschen, aber später schon.

Immer dieses ‚später', das kommt doch nie.

Das denke ich auch manchmal, aber nur, weil es noch so lange dauert.

Und was hast du gemacht?

Ich habe Tulpenzwiebeln gesetzt und zwar rings um den Platz herum, wo später einmal ein Sandkasten für dich hinkommt. Im Frühjahr, wenn du zur Welt gekommen bist, kannst du die Tulpen sehen. Sie heißen ‚Morgenröte'.

Ein schöner Name, Oma, ich freue mich auf die Tulpen. Was sind Tulpen?

Wunderschöne Frühjahrsblumen, du wirst schon sehen.

Prima. Aber bis dahin schlafe ich noch eine Runde. Gute Nacht, Oma.

Gute Nacht, Babymäuschen.

6. Oktober

Hallo Oma, bist du endlich da?

Hallo Babymäuschen! Du bist ja ganz aufgeregt …

Ja, stell dir vor, ich habe heute gedichtet. Weißt du, was das ist?

Ja, stell dir vor, das weiß ich. Lass hören.

*Also hier ist mein Gedicht *räusper**

Meine Mama ist die Sonne,
meine Mama ist das Licht,
meine Mama atmet, lebt und
wacht und sorgt so gut für mich.

Ohne Mama gibt's kein Leben,
ohne Mama gäb's mich nicht.
Nur mit Mama klopft mein Herzchen
und dafür lebe und singe ich.

Nur mit Mama kann ich atmen,
nur mit Mama kann ich sein,
und das bleibt, so glaub ich feste,
bis in alle Ewigkeit.

Doch was wäre meine Mama
ohne mich, das frag ich dich,
nur mit mir ist Mama Mama -
keine Mama ohne mich!

Das ist wunderschön, Babymäuschen, ich habe es aufgeschrieben und werde es deiner Mama zeigen.
Babymäuschen?
Haaaalloooo!
Hm, ist wohl eingeschlafen. Nun, dichten ist ja auch anstrengend – besonders, wenn man noch so klein ist. Dann gehe ich mal auf Zehenspitzen hinaus und

werfe dem Kleinen noch einen Kuss zu. Schlaf schön, mein Babymäuschen.

7. Oktober

Hallo Babymäuschen!

Hallo!

Wie war dein Tag?

*Weiß nicht, Mama ist hin und her gelaufen und dabei bin ich dauernd eingeschlafen *gähn*.*

Und nun bist du schon wieder müde?

*Weiß auch nicht, kann sein *gähn*.*

Na, dann wächst du auch schön, denn beim Schlafen wachsen Kinder ja.

Das muss ich auch! Ich bin so nervös vor dem nächsten Messen, das Mama mit mir machen lässt.

Wird schon schief gehen, mein Kleines. Ich glaube fest, dass du es schaffst.

Danke, Oma. Dann schlafe ich jetzt noch mal, um schön zu wachsen. Gute Nacht.

Gute Nacht, Babymäuschen.

8. Oktober

Hallo, Oma, wo bleibst du denn?

Entschuldige, ich war so lange bei deiner Uroma. Ich wollte nur etwas bringen, aber sie hatte Besuch und da bin ich noch geblieben.

Uroma? Mit Keksen und Memory?

Bestimmt, ja.

Uiii, die möchte ich gerne mal kennenlernen.

Nächste Woche bist du mit Mama da. Aber ganz leise sein, sie weiß noch nichts von dir.

Wirklich? Na, die wird staunen …

Das denke ich auch.

Ich freue mich auf nächste Woche. Dann mache ich jetzt noch *blubber-blubber-blubber*, damit die Uroma mich auch sieht.

Keine Chance, Babymäuschen, sie sieht dich erst später, wenn du geboren bist.

Immer dieses ‚Später'…

Das ist wohl wahr.

Gute Nacht, Oma.

Gute Nacht, Babymäuschen.

9. Oktober

Hallo Oma, du sag mal, wie war das eigentlich, als Mama ein Babymäuschen war?

Das war schön, sie war ein ganz liebes Babymäuschen.

War sie groß?

Und wie! Sie war sogar sehr groß.

Dann hat Mama wohl viel *blubber-blubber-blubber* gemacht.

Ja, das hat sie.

Hat Mama auch einen ein-Papa?

Sicher, das ist dein Opa.

Also ein ein-Opa.

Wenn ich nur wüsste, wie du auf diese Bezeichnungen kommst …

Das ist einfach Babymäuschen-Sprache. Hat Mama auch so gesprochen damals?

Nun, deine Mama war ein kleines Sprachgenie und ‚ein-Papa' hat sie nie gesagt, nur immer ‚Papa'.

Oha …

Solltest du vielleicht mal drüber nachdenken.

Hm …

Schlaf mal drüber, gute Nacht, Babymäuschen.

10. Oktober

Hallo, mein Babymäuschen.

Hallo, meine Oma.

Wie geht es dir?

Gut, Mama und ich sind im Stress wegen der Hochzeit von Tante Sandra.

Ah ja, ich weiß, das wird sicher ganz toll morgen.

Wir freuen uns sehr, sind aber auch nervös, ob auch alles gut klappt. Ich glaube, wegen einer Torte. Was ist eine Torte?

Was Leckeres zum Naschen.

Ich nasche nicht.

Jetzt noch nicht, aber bestimmt später, da bin ich mir sicher.

Meinst du? Was ist denn eine Hochzeit?

Da sagen zwei Menschen ‚ja' zueinander und heiraten.

Muss ich auch heiraten?

Hm, müssen muss man nicht, meistens will man.

Will ich dann? Ich meine ‚später'?

Bestimmt.
Dann heirate ich Mama.
Das geht aber nicht. Seine Mama kann man nicht heiraten.
Dann mache ich gar keine Hochzeit.
Wollen wir mal sehen, Babymäuschen. Jedenfalls brauchst du dir jetzt noch keine Gedanken darüber zu machen.
Na gut, dann schlafe ich jetzt mal, damit Mama und ich Kraft für morgen haben.
Eine gute Entscheidung. Gute Nacht, Babymäuschen.
Gute Nacht, Oma.

11. Oktober

Huhu, Babymäuschen.
- - -
? Babymäuschen ?
- - -
Ah, du schläfst. Du, Mama und Papa sind bei der Hochzeit und Mama läuft viel hin und her – da schläfst du die ganze Zeit. Dann gute Nacht!

12. Oktober

Hallo Babymäuschen!
grummel
Was ist los?
Ich habe heute schlechte Laune.
Warum das denn?

Weil Mama schlechte Laune hat. Ich bin so was von verstimmt.

Was ist schlechte Laune?

Das ist, wenn einem alles nicht passt und man sich nicht wohl fühlt.

Also ich fühle mich wohl, schwimme hier im warmen Wasser und spiele mit meinen Zehen und alle passen genau an meine Füßchen.

Dann hast du also keine schlechte Laune?

Doch und wie! Was Mama hat, habe ich auch *lalala*

Du singst?

Ja, es geht mir doch super!

Das verstehe ich nicht.

Nicht? Ich habe die beste Mama der Welt, habe so viel *blubber-blubber-blubber* gemacht, dass ich beim nächsten Messen bestimmt nicht durchfalle und habe genau neunhundertfünfundtausend Fingerchen. Da soll es mir nicht gut gehen?

Ja, jetzt verstehe ich dich, Babymäuschen.

Ich singe jetzt noch ein bisschen, bis Mama keine schlechte Laune mehr hat.

Das klappt bestimmt.

Gute Nacht, Oma.

13. Oktober mittags

Hallo Babymäuschen, hörst du mich?

Hallo Oma, was gibt es denn?

Tomatensalat zu Mittag.

Was ist das denn?

Was Leckeres zu essen.
So wie Kuchen?
Fast.
Dann probiere ich später mal.
Fang lieber mit Milch an, das ist was für Babymäuschen.
Meinst du? Was isst Mama denn? Auch Milch oder Tomatensalat wie du?
Mama isst Salat, sie ist ja kein Babymäuschen mehr.
Dann will ich auch Tomaten und keine Milch.
Du wirst schön das essen, was Mama dir gibt!
*Uiii ... *blubber-blubber-blubber**
Was machst du?
Ganz schnell und viel wachsen, damit ich alles essen kann.
Eine weise Entscheidung, Babymäuschen.
Tschüss, Oma, bis bald.
Tschüss, mein Kleines.

14. Oktober

Hallo Babymäuschen! Was hast du heute gemacht?
Hallo! Mama und ich waren heute bei einer Uroma und Mama hat mich vorgestellt.
Aha, sie hat der Uroma gesagt, dass du unterwegs bist.
Ich war nicht unterwegs, ich war da – mit Mama.
Ja, schon klar. Ich meine, sie hat erfahren, dass sie Uroma wird. Was hat sie denn gesagt?

Keine Ahnung, ich habe meine Fingerchen gezählt. Aber dann hat Mama Kuchen gegessen und uns ist etwas schlecht geworden. Warum wird einem denn davon schlecht?

Nur wenn man schwanger ist.

Jedenfalls bin ich dann eingeschlafen und erst zu Hause wieder wach geworden. Da ist Mama dann eingeschlafen und ich habe herumgetobt.

Hat Mama das nicht gestört?

I wo, ich bin doch noch so klein.

Ich dachte, du wärst so groß ...

Was du redest, Oma, ist schon merkwürdig.

Wieso?

Das, meine liebe Oma, erkläre ich dir später!

Frechdachs!

Selber!

Also, da gehe ich lieber schlafen und das solltest du auch tun. Gute Nacht, Babymäuschen.

Gute Nacht, Oma.

15. Oktober

Hallo Babymäuschen.

Hallo Oma.

Jetzt wissen deine Eltern sicher schon, was du bist.

Wer sind meine Eltern?

Na, deine Mama und dein Papa.

Ach, Mama ist meine Eltern? Und dieser ein-Papa auch?

Beide zusammen sind es.

Und die wissen also dieses ein-Geschlecht von mir?
Ich denke, ja.
Dabei ist das doch völliger Blödsinn, wozu soll das wichtig sein?
Vielleicht für die Farbe deiner Strampelhöschen?
Auch so ein Quatsch. Ich bin doch unter Wasser und brauche keine Hosen. Sag das mal der Mama!
Das weiß sie. Ich rede ja auch von später.
Nicht schon wieder! Oma, du nervst heute aber wirklich. Und wichtig ist doch, dass ich eine Million Fingerchen habe. Mama wird staunen, wenn sie mich sieht.
hust ich hoffe nicht. Babymäuschen, zehn Fingerchen genügen der Mama.
Echt? Dann zähle ich noch einmal nach.
Mach das.
Augenblick bitte.
- - -
- - -
Babymäuschen?
Zählst du noch?
zzzzz.....
Ist wohl beim Zählen eingeschlafen ... dann schlaf gut, Babymäuschen.

16. Oktober

Hallo Babymäuschen. Wie war dein Tag?
Hallo. Gut, ich habe viel herumgetobt. Das macht richtig Spaß. Drehen, wenden, Purzelbaum schlagen und so.

Das ist ja schön. Dann hat Mama heute nicht viel gemacht?

Nö, die hat mit ein-Papa herum gesessen und über mich geredet. War das langweilig. Ich glaube, es ging darum, wo ich mal schlafe und wo mein Bettchen stehen soll. Was ist ein Bettchen?

Das ist etwas Kuscheliges, Weiches, in dem man gut schlafen kann.

Aber das habe ich doch! Mamas Bauch. Ich brauche nun wirklich kein Bettchen.

Ach, Babymäuschen, später schon.

Also dieses ‚Später' macht mich ganz nervös. Ich will das gar nicht.

Tja, es kommt aber und glaube mir, es wird schön. Deine Eltern werden bestimmt ein wunderbares Bett für dich haben und du wirst darin selig schlafen.

Ich kann mir das nicht vorstellen.

Ich mir aber. Übe schon mal, Babymäuschen

17. Oktober

Du, Oma, redest du eigentlich wirklich mit mir?

Nein, Babymäuschen, ich denke mir das nur aus.

Aha, dann ist das hier nur ein Gedanke.

Richtig.

Und das hier gibt es gar nicht.

Stimmt.

Und ich?

Was ist mit dir?

Gibt es mich auch nicht wirklich?

Doch, dich gibt es wirklich.
Puhhh, da bin ich aber froh, dass ich nicht nur ein Gedanke bin.
Ich auch, Babymäuschen!
Und du? Gibt es dich denn wirklich?
Ja, mich gibt es auch wirklich.
Dann können wir uns ja mal sehen, oder?
Später, ja.
Hihi, dann freue ich mich darauf.
Ich mich auch, Babymäuschen.
Bis später, Oma.
Bis später, Babymäuschen.

18. Oktober

Hallo Babymäuschen.
Hallo Oma.
Puh, heute war viel los in Wuppertal.
Was ist ein Wuppertal?
Das ist der Ort, in dem ich wohne.
Also ich wohne bei Mama.
?
Kommt nichts, Oma?
Was meinst du?
Kommt nicht ein ‚Später aber?'
Ja, da hast du Recht. Jetzt wohnst du noch bei Mama, aber später nicht mehr.
Wo werde ich denn wohnen? In Wuppertal wie du?
Nein, in Neuss.

Was ist ein Neuss?

Eine hübsche kleine Stadt und wenn du wissen willst, was eine Stadt ist: Ein hübscher kleiner Ort, wo Menschen wohnen.

Wie Mama.

Deine Mama ist doch kein Ort.

Nicht? Was dann?

Ein Mensch.

Dann ist Mama ein Mensch, in dem ein Mensch wohnt, nämlich ich!

Babymäuschen, das stimmt. Wie klug du bist! Und jetzt wird geschlafen.

Ja, ich weiß, damit ich schön wachse.

Ganz genau. Gute Nacht, du schlaues Babymäuschen.

Gute Nacht, du schlaue Oma.

19. Oktober

Hallo Babymäuschen. Ich weiß, wie groß du bist.

Aber Mama hat mich doch gar nicht messen lassen.

Hat sie wohl.

Echt? Woher weißt du das?

Ich habe heute mit ihr gesprochen und da hat sie mir das erzählt.

Aha, dann habe ich da wohl geschlafen. Wie groß bin ich denn?

Etwa neun Zentimeter.

Na, wenn das nichts ist ... wie groß bist du denn?

162 Zentimeter.

Dann bist du ja viel kleiner als ich.

Aber Babymäuschen, 162 ist doch viel mehr als 9.
Nein, das glaube ich nicht. Ich zähle das mit meinen Millionen Fingerchen rasch mal nach: Eins, zwei, grün, fünf ...
Grün? Das ist doch keine Zahl.
Ist es wohl. Mama hat gestern gesagt: Hier auf dem Fensterbrett stehen drei grüne Pflanzen.
Und du meinst ‚drei grün' sei eine Zahl?
Natürlich! Hat meine Mama doch gesagt.
Ja, wenn das deine Mama gesagt hat ...
Die hat den Doktor im Rechnen. Ich brauche nie zum Kinderarzt.
Babymäuschen! Da wirfst du einiges durcheinander.
Meinst du? Dann werfe es richtig, bitte.
Wenn du geboren bist, okay?

20. Oktober

*Hallo Oma! *lalala* – also mir geht es bestens – *lalala**
Das ist ja schön, Babymäuschen.
Und dir?
Nicht so gut, bin erkältet.
Was ist das?
Halsweh und Schnupfen.
Was ist denn das?
Ach, das wirst du auch noch kennenlernen. Kranksein halt, nicht schön.
Ich bin nicht krank.
Zum Glück, Babymäuschen! Sei froh.

Das bin ich auch. Dann hör du doch einfach auf, krank zu sein.
Wenn das so einfach wäre …
*Was ist daran schwer? Sing doch mal: *lalala**
lalala
Und? Besser?
Ich weiß nicht …
Dann noch einmal.
lalalalalalala, ja es wirkt!
Siehst du, Oma, immer schön auf Babymäuschen hören.
Alles klar.
Und jetzt schön schlafen, damit du schön wächst.
Ich versuche es, gute Nacht.
Gute Nacht!

21. Oktober

Hallo Babymäuschen.
Hallo.
Meine Güte, hat das heute geregnet.
Was ist das?
Wasser von oben.
Wie? Wasser ist doch überall und nicht nur oben.
Ja, bei dir.
Bei dir nicht?
Nein.
Und wie kannst du dann schwimmen?
Nur in der Badewanne.

Ach, das Ding, in das ich mal hinein soll.
Richtig. Ansonsten bin ich immer trocken und im Trockenen.
Und schwimmst nicht den ganzen Tag wie ich?
Nein, ich muss gehen.
Arme Oma ... schwimmen ist so schön.
Ich weiß ...
Arme Oma ...
Ja, jetzt reicht es, so arm bin ich auch nicht.
Hast kein Wasser um dich herum, arme ...
Babymäuschen, es ist genug! Schlaf jetzt, husch, husch.
Gute Nacht, du arme Husch-Husch-Oma.
Gute Nacht, du Husch-Husch-Babymäuschen.

22. Oktober

Hallo Babymäuschen.
Hallo Oma.
Wie geht es dir?
Ich weiß nicht ...
Was heißt das?
Nun, Mama ist gefragt worden, wie es ihr geht, und da hat sie das gesagt.
Ah ja, und so wie es Mama geht, geht es dir auch.
Ich weiß nicht ...
Ich weiß.
Soll ich jetzt schlafen?
Ich weiß nicht ...

Jetzt fängst du auch noch an.
Kann es sein, dass Mama schlechte Laune hat?
Meinst du?
Kommt mir so vor, denn eigentlich geht es euch doch gut, oder fehlt euch was?
Also mir fehlt nichts. Und der Mama auch nichts, im Gegenteil, sie hat doch mich!
Stimmt.
Da kann sie doch froh sein, oder nicht?
Das ist sie doch auch.
Dann ist doch alles gut.
Das finde ich auch und morgen habt ihr bestimmt auch wieder bessere Laune.
Meinst du? Ob Schlafen hilft?
Immer.
Dann gute Nacht, Oma, bis morgen.
Gute Nacht, Babymäuschen.

23. Oktober mittags

Hallo Babymäuschen.
Oh, hallo, ist denn schon Abend?
Nein, Mittag, aber mir ist gerade langweilig und dachte ich, ich schaue mal vorbei.
Was ist ‚langweilig'?
Wenn man nichts zu tun hat.
Aha, habe ich zu tun?
Natürlich, eine Menge: Du hast zu wachsen, herumzutollen, deine Fingerchen zu zählen – schlucken und atmen üben und so.

Uiii, ich wusste gar nicht, dass ich sooo viel zu tun habe. Also ist mir nicht langweilig ... glaube ich.

Das glaube ich auch.

Dann, meine liebe Oma, sag ich mal ‚tschüs', denn ich habe sehr viel zu tun.

Tschüs, Babymäuschen.

24. Oktober

Hallo Babymäuschen.

Hallo.

Na, was gibt es denn Neues bei dir?

Etwas Aufregendes, nächste Woche lässt Mama ein Ullallal von mir machen.

Ein was?

Ein Ullallal.

Was ist das denn?

Das weiß ich auch nicht, aber sie will es allen zeigen. Hoffentlich sehe ich gut aus.

Ach, jetzt verstehe ich, du meinst ein Ultraschallbild.

Kann sein ... was ist das denn?

Das ist eine Art Bild von dir. Darauf kann man sehen, wie du aussiehst.

Wirklich? Und wie sehe ich aus?

Das weiß ich nicht, denn habe das Bild noch nicht gesehen.

Kann man meine Fingerchen sehen?

Ich denke schon.

Uiii ... kann ich denn auch ein Ullallal von Mama sehen?

Später, Babymäuschen.
Immer später, ich möchte aber Mama sehen.
Das wirst du noch, nur Geduld.
Na gut, dann schlafe ich jetzt mal. Gute Nacht, Oma.
Gute Nacht, Babymäuschen.

25. Oktober

Hallo, mein Babymäuschen.
Hallo, meine Oma.
Wie geht es dir?
Bestens, wie immer. Obwohl es heute mal wieder langweilig war.
Habt ihr nichts unternommen?
Nö, gar nichts. Und du?
Auch nichts, heute war so ein müdes Wetter.
Ich war aber nicht müde.
Bist ja auch noch jung.
Was ist jung?
Das Gegenteil von alt. Ich bin alt.
Dann bin ich das Gegenteil von dir?
Nein, so kann man das nicht sagen.
Wie kann man das denn sagen?
Uiii, das ist eine schwierige Frage?
Was ist schwierig? Bin ich schwierig?
Langsam, erst wollen wir einmal ‚alt und jung' klären: Also Omas sind alt und Babymäuschen jung.
Immer?
Immer!

Kein Gegenteil?
Nein.
Uff, da bin ich froh.
Und schwierig ist das Gegenteil von einfach.
Dann bin ich einfach, wenn ich nicht schwierig bin?
Das ist schwierig und nicht so einfach zu sagen ...
Jetzt hab ich dich, Oma! Du weißt es nicht.
Stimmt, ich weiß wirklich nicht, ob du schwierig oder einfach bist.
Was bist du?
Mal so, mal so.
Dann will ich das auch sein, weil du meine Oma bist.
Das ist lieb, Babymäuschen, und jetzt schlaf schön. Gute Nacht.
Gute Nacht.

26. Oktober

Hallo Babymäuschen.
Hallo.
Alles klar bei dir?
Immer.
Das freut mich.
Was ist freuen?
Lachen, glücklich sein.
Dann bin ich glücklich, aber lachen klappt nicht, geht auch glucksen?
Natürlich.
Und am Daumen lutschen?

Wenn es dich glücklich macht ...
Lutschst du auch am Daumen?
Aber nein, ich bin doch eine Oma.
Was machen denn Omas?
Mit Babymäuschen reden und ein Buch darüber schreiben.
Alle Omas?
Ich glaube nicht, aber alle Babymäuschen lutschen am Daumen ... nun ja, fast alle.
Dann bin ich ein richtiges Babymäuschen?
Ja.
Aber ich weiß nicht, ob du eine richtige Oma bist ...
Aber Babymäuschen, ich bitte dich!
Nun ja ...
Da solltest du noch einmal drüber schlafen.
Meinst du?
Ja sicher.
Gut, dann gute Nacht, du vielleicht richtige Oma.

27. Oktober

Hallo Babymäuschen.
Hallo.
Morgen wirst du wieder gemessen. Hast du auch schön *blubber-blubber-blubber* gemacht?
*Na, hör mal, was denkst denn du? Das mache ich nicht mehr, schließlich bin ich schon groß. Ich wachse und mache nicht mehr *blubber-blubber-blubber*. Aber morgen schon? Uiii, da muss ich mich aber beeilen, sonst ist Mama enttäuscht.*

Ganz ruhig, Babymäuschen, das wird schon gut gehen. Heute meinte deine Mama zu mir, dass ihr Bauch wieder gewachsen wäre – also musst du ja gewachsen sein.

Ganz bestimmt! Ich merke es auch.

Woran denn?

Meine Fingerchen sind jetzt 100 Meter lang.

Na bitte, ich sag's ja.

Und meine Arme 1000.

Jetzt gibst du aber an!

Ha! Wirst du ja sehen, wenn ich gemessen werde.

Wollen wir wetten, dass nicht?

Gut, wetten wir. Was ist wetten?

Da schaut man, wer Recht hat und der andere muss dann was geben. Das nennt man ‚den Einsatz'. Wetten wir um ein Milchfläschchen, ja?

Gut. Dann schlafe ich jetzt mal schnell, weil ich dann ja noch besser wachse – und die Wette gewinne.

Gute Nacht, mein Babymäuschen.

28. Oktober morgens

Hallo Babymäuschen.

blubber-blubber-blubber

Hallo Oma, ich bin völlig fertig.

blubber-blubber-blubber

Was ist denn los?

Mama lässt mich doch heute messen und da habe ich die ganze Nacht *blubber-blubber-blubber* gemacht um zu wachsen.

Und du meinst wirklich, das hilft?

Sicher, schließlich bin ich doch schon viel gewachsen, oder etwa nicht?

Schon, aber ob dieses *blubber-blubber-blubber* dabei wirkt, weiß ich nicht.

Wenn ich wieder gewachsen bin, ist die Sache klar!

Hm ...

Glaubst du nicht?

Nicht so richtig.

Dann sprechen wir heute Abend wieder zusammen, ja?

Gut, bis dann, Babymäuschen. Ich wünsche dir einen schönen Tag und behalte die Nerven beim Messen!

Mach ich, Oma, bis dann.

29. Oktober

gähn

Hallo Oma. Das war vielleicht aufregend gestern, du glaubst es nicht. Ich war so was von nervös und habe hin und her gestrampelt.

Ja, ich weiß, hat deine Mama mir gesagt.

Und weißt du nun, wie groß ich bin?

Nein, du bist gar nicht gemessen worden?

Wie bitte?

War wohl nicht wichtig, aber ich weiß jetzt, was du bist.

Ja, ich auch, ein Junge oder so.

Nix oder so, du bist ein Junge und ich bin froh, denn ich habe gestern ein blaues Strampelhöschen für dich gekauft.
Das verstehe ich nicht.
Babymäuschen, Jungen tragen blau, Mädchen rosa.
Warum denn das?
Traditionell.
Hä?
Glaub es einfach.
Na gut *gähn*, bin eh viel zu müde für deine Scherze.
Das war aber kein Scherz.
zzzzzzz
Oh, eingeschlafen *leisedavonschleich*, schlaf gut, Babymäuschen.

30. Oktober

Hallo Babymäuschen.
Hallo.
Hast du dich gut erholt von dem gestrigen Tag?
Ja, alles wieder gut. Ich denke nur nach ...
Über was denn?
Was muss ich als Junge tun?
Och, zuerst mal nicht viel ... schlafen, essen usw.
Und später?
Auch nichts anderes wie als Mädchen, in den Kindergarten gehen, spielen, wachsen und so.
Und dann?
Kommst du in die Schule.

Wie die Mädchen?
Ja.
Ist es dann nicht egal, was ich bin?
Schon, aber denk an die Farbe der Höschen.
Tragen Mädchen das gleiche wie Jungen?
Oft, aber Mädchen tragen auch Röcke und Kleider.
Und Jungen?
Nur Hosen.
Das ist doch ungerecht.
Irgendwie schon, Babymäuschen.
Hm …
?
…
Ich denke, Babymäuschen denkt. Da will ich nicht stören und schleiche mich von dannen *schleich*.

31. Oktober

Hallo Babymäuschen.
Hallo.
Heute habe ich mit deiner anderen Oma gesprochen.
Oh, und was hat sie gesagt?
Dass sie sich auf dich freut und meint, du kämst schon bald.
Ich glaube nicht, dass ich bald komme, mir gefällt es hier sehr gut. Sag ihr das bitte.
Ja, das mache ich. Dann haben wir noch über Küchenrollen gesprochen.
Was ist das denn?

Was zum Putzen.
Was ist denn putzen?
Saubermachen.
So wie baden?
Fast.
Ihr sprecht ja über komische Sachen ...
Es ging um Küchenrollen mit Kindermotiven, die dein Papa kaufen sollte ... für dich.
Soll ich dann damit putzen wenn ich da bin?
Nein, nur anschauen.
Ich verstehe euch Omas nicht. Anschauen, aber nicht damit putzen, da muss ich noch drüber nachdenken.
Ich auch, glaub mir, Babymäuschen, ich auch.
Dann gute Nacht, Oma.
Gute Nacht, Babymäuschen.

1. November

Hallo Babymäuschen.
Hallo, Oma. Hast du auch eine Küchenrolle für mich besorgt?
Nein.
Warum nicht? Hast du mich nicht lieb?
Wie kommst du denn darauf?
Ach, das hat Mama heute zu diesem ein-Papa gesagt und dann haben wir beide geweint.
Oh je ... und dann?
Hat dieser ein-Papa uns beide in die Arme genommen und was gesagt.

Was denn?
Wangerwafthomonne oder so. Die wären das.
Ach, sicher Schwangerschaftshormone.
Ja, genau.
Und dann?
Sind wir raus gegangen an die frische Luft, in den Garten, glaub ich. Das war schön. Ein-Papa hat Kuchen geholt und Mama und mir ist gar nicht schlecht davon geworden.
Dann ging es euch also richtig gut.
Ich glaube schon, weiß ich aber nicht, weil ich dann eingeschlafen bin. Dafür werde ich heute Nacht mal tüchtig herumstrampeln.
Ja, mach das, Babymäuschen. Gute Nacht.
Gute Nacht.

2. November

Hallo Babymäuschen.
Hallo.
Ich habe gehört, ihr habt Halloween gefeiert.
Ja, das war vielleicht gruselig.
Hast du dich gefürchtet?
Was ist Fürchten?
Angst haben, Zittern, Bibbern.
Ich hab nie Angst, bin doch immer in Sicherheit.
Hatte Mama Angst?
Bestimmt nicht. Mama hat nie Angst und wenn, dann hat sie ja mich. Du weißt ja, wie groß ich bin.
Bist du auch stark?

Klar doch. Willst du mal meine Muskeln sehen?

Ich habe ein Ultraschallfoto von dir, einen Augenblick ... oh, ja, Riesenmuskeln hast du.

Sag ich ja, das meint dieser ein-Papa auch. Was sind Muskeln?

Nun, damit kann man Sachen heben und so.

Ein-Papa meint, ich hätte solche Muskeln wie er. Ich glaube, er ist doch ein ganzer netter Typ.

Da hast du unbedingt Recht, Babymäuschen.

Aber so nett wie Mama ist keiner.

Klar.

Mama ist die beste Mama der Welt.

Komisch, das hat deine Mama auch schon zu mir gesagt.

Echt?

Ja.

Was mache ich denn jetzt?

Wieso?

Weil alles, was Mama sagt, stimmt.

Du meinst, wer ist denn nun die beste Mama der Welt?

Ja.

Frag ein-Papa, der wird sagen, dass Oma Maria die beste Mama der Welt ist.

Ist sie das?

Klar. Für ein-Papa.

Und für Mama?

Bin ich das wohl.

Und was mache ich jetzt?

Verstehen, dass die eigene Mama für einen selber immer die beste Mama der Welt ist.

Da muss ich drüber schlafen, um es zu verstehen. Gute Nacht, du Oma.

Gute Nacht, du Babymäuschen.

3. November

Hallo Babymäuschen.

Hallo Oma.

Wie geht es dir?

Mir geht es super. Schau mal, wie ich strampeln kann und ich kann etwas Neues: am Daumenlutschen. Das ist toll! Kannst du das auch?

Ob ich das kann? Ich habe das wohl als kleines Kind gemacht, heute nicht mehr.

Warum heute nicht mehr?

Weil ich eine Oma bin und Omas lutschen nicht am Daumen.

Da entgeht dir aber etwas.

Das glaube ich nicht.

Was machst du denn so zum Spaß?

Kaffee trinken.

Was ist denn Kaffee?

Ein Getränk, von dem man munter wird.

Siehst du, so etwas brauche ich nicht, ich bin munter.

Ja, das finde ich auch, Babymäuschen, aber Omas sind manchmal müde.

Aber Oma, das bin ich doch auch oft. Dann schlafe ich einfach. Das solltest du auch machen, dann brauchst du keinen diesen-Kaffee.

Schlafen macht aber nicht so viel Spaß wie Kaffee trinken.

Dann lutsche doch am Daumen, wenn du Spaß haben willst.

Also ich finde es besser, du trinkst später mal Kaffee.

Will mal sehen. Was macht Mama denn?

Die trinkt auch lieber Kaffee, statt am Daumen zu lutschen.

Oh! Dann denke ich darüber doch noch einmal nach. Gute Nacht, Oma.

Gute Nacht, Babymäuschen.

4. November mittags

Hallo Babymäuschen.

Hallo Oma. Du sag mal, wenn Mama und dieser ein-Papa meine Eltern sind, bist du dann auch meine Eltern?

Nein, natürlich nicht. Man kann nur ein Paar Eltern haben. Opa und ich sind deine Großeltern.

Aha Großeltern, das heißt, du und Opa, ihr seid viel größer als Mama und Papa. Und die Uromas sind größer als du Oma.

Nein, im Gegenteil, dein Papa ist größer als ich und deine Mama auch. Und dein Papa ist größer als Opa. Und die Uromas sind kleiner als alle anderen.

Und wieso seid ihr dann meine Großeltern und Urgroßomas?

Groß und urgroß bedeutet älter und nicht größer.
Dann heißt ihr eigentlich Alteltern und Uraltomas?
Das ist sehr logisch, sagt man aber nicht so.
Habe ich eigentlich auch Uropas?
Nein, die sind schon lange tot.
Was ist tot?
Nicht leben.
Bevor ich hier war, habe ich doch nicht gelebt, oder?
Ja.
War ich da tot?
Nein, das kann man nicht sagen.
Wie denn?
Vielleicht ‚nicht existent'.
Und wo ist der Unterschied?
Babymäuschen, das ist viel zu philosophisch.
Bin ich philosophisch?
Ja.
Hurra, dann weiß ich, was ich einmal werden will: philosophisch.
seufz ich sag nichts mehr …
Auch gut, tschüss Oma.
Tschüss, Babymäuschen.

5. November

Hallo Babymäuschen.
Hallo Oma. Schau mal ich bin heute ganz doll gewachsen!
Du wirst richtig groß.

Ja, und Mama passt wieder nicht in ihre Hose. Aber ich passe hier wunderbar hin.
Noch, Babymäuschen, noch.
Wie meinst du das?
In ein paar Monaten wird es dir arg eng werden.
Wirklich? Und dann?
Willst du nur noch weg.
Ich und von Mama weg? Das glaube ich nicht.
Doch, das glaube ich.
Ach wo, das passiert nie. Ich meine, was verstehst du schon davon ...
Och ...
Siehst du, keine Ahnung hat die Oma.
Hihi.
Ich wachse einfach weiter und werde groß und stark und bleibe ewig hier bei Mama.
Hihi.
Und dein blaues Strampelhöschen kannst du dir an den Hut stecken.
Hihi.
Wechseln wir das Thema, sonst streikt einer von uns noch wie morgen die GDL.
Ach, davon redet die Mama schon den ganzen Tag. Das muss ja schlimm sein.
Ja, und so wollen wir doch nicht streiten.
Auf keinen Fall.
Wir sind kompromissbereit.
Natürlich! Immer! Was ist das denn?
Aufeinander zugehen und miteinander reden.

Oma, das machen wir beide doch jeden Abend. Wir sind so was von...

Ja, aber jetzt wird geschlafen. Bis morgen, Babymäuschen.

Bis morgen, Oma.

6. November

Hallo Babymäuschen.

Hallo. Ich bin so was von genervt. Was ist ‚genervt'?

Wenn man etwas nicht mag und schlechte Laune bekommt.

Ahso, Mama war heute genervt, wegen dem Streik. Was ist Streik?

Wenn jemand nicht das tut, was er eigentlich tun soll.

Also ich bin heute gewachsen, dann habe ich wohl nicht gestreikt, oder?

Nein, Babymäuschen, du hast nicht gestreikt.

Du denn, Oma?

Ach, ich streike nie.

Dann hast du auch heute gemacht, was du machen sollst?

Klar.

Und was?

Ich habe geschrieben, den Haushalt gemacht und jetzt rede ich mit dir.

Wir sind schon klasse!

Auf jeden Fall, Babymäuschen.

Oder sollen wir auch mal streiken?

Nein, denn dann ist deine Mama genervt.

Stimmt, also lassen wir es. Gute Nacht, Oma, bis morgen.

Gute Nacht, Babymäuschen.

7. November

Hallo Babymäuschen. Na, bist du heute wieder genervt?

Hallo Oma. Nö, alles gut.

Ich habe heute einen Spielzeugkatalog angesehen und überlegt, womit du wohl gerne spielen würdest.

Aber Oma, ich brauche doch kein Spielzeug. Ich habe eine Million Fingerchen und ganz viele Daumen zum Lutschen.

Aber vielleicht später mal. Vielleicht magst du dann Autos?

Oh nein, da wird mir immer schlecht. Da schaukelt es so.

Ich meine keine großen Autos, sondern kleine Spielzeugautos.

So etwas gibt es?

Ja klar. Oder Puppen.

Was sind denn Puppen?

Kleine Menschen.

Bin ich nicht ein kleiner Mensch?

Doch, aber Puppen sind nicht lebendig, sondern aus Plastik.

Aha, und was macht man dann damit?

Na spielen!

Das verstehe ich nicht. Ich verstehe nur etwas von Fingerchen.

Dann lassen wir es dabei, Babymäuschen.

Finde ich auch, Oma.

Gute Nacht und schlaf schön.

Gute Nacht.

8. November

Hallo Babymäuschen.

blubber-blubber-blubber

einszweidrei

blubber-blubber-blubber

einszweidrei

Was machst du?

Wachsen und strampeln

blubber-blubber-blubber

einszweidrei

Meine Güte, bist du aktiv.

blubber-blubber-blubber

einszweidrei

Jetzt hör mal auf!

Kann nicht.

Warum nicht?

hechel weiß auch nicht, komme nicht zur Ruhe. Mama und ich waren heute viel unterwegs und jetzt mache ich einfach weiter.

Was habt ihr denn gemacht?

Shoppen – oder so, weiß auch nicht, aber war echt wichtig.

Na, wenn es wichtig war.

War es, Mama ist viel gelaufen und ich auch ... nur unter Wasser eben.

Also eher geschwommen.

Kann sein

blubber-blubber-blubber

einszweidrei

Schluss jetzt, mir wird ja schon vom Zuhören schwindlig!

Na gut. Oh, wie bin ich müde.

Das kann ich mir denken.

Aber ich bin sicher ganz doll gewachsen.

Das hoffe ich, du sollst doch in dein neues Strampelhöschen passen.

Werd' ich bestimmt, Oma. Nur noch einmal:

blubber-blubber-blubber

einszweidrei

Und jetzt ist endgültig Feierabend und es wird geschlafen. Gute Nacht, Babymäuschen.

Gute Nacht.

9. November

Hallo Babymäuschen, es hat sich gelohnt.

Hallo Oma, was meinst du?

Deine Versuche zu wachsen. Deine Mama sagte heute, du wärst schon 25 cm groß.

Echt? Das ist ja riesig!

Und ich mache mir so meine Gedanken …
Welche denn?
Nun, du wirst immer größer und kommst bald zur Welt – und ich weiß nicht, ob ich dann alles richtig mache … bin doch neu als Oma.
Mach dir mal keinen Kopf, ich bin doch auch neu als Babymäuschen.
Dann sag ich mal gute Nacht, mein richtiges Babymäuschen.
Gute Nacht, du richtige Oma.

10. November mittags

Hallo Babymäuschen, war schön gestern, nicht wahr?
Hallo Oma. Was war denn gestern?
Na, du, deine Mama und dein Papa, ihr wart doch bei mir. Wir haben Kaffee getrunken, Waffeln gegessen und zusammen gesessen.
Keine Ahnung, ich habe geschlafen.
Dann hast du nicht meine Stimme gehört und die von Opa?
Ich weiß von nichts, Oma, ich habe wirklich den ganzen Tag geschlafen, aber in meinem Bäuchlein war so ein wohliges Gefühl.
Das kam sicher von den Waffeln und dem Milchreis mit Zimt und Zucker.
Meinst du?
Oder weil es so gemütlich war.
Dann musst du das noch einmal machen und ich versuche, nicht einzuschlafen.

Aber sicher, ihr werdet noch oft hierher kommen und du wirst herumlaufen und spielen.

Laufen? Ich kann doch nur schwimmen.

Das Laufen lernst du.

Und Waffeln essen.

Das wirst du noch vor dem Laufen lernen.

Ist denn Waffeln essen wichtiger als laufen?

Frag Mama und Papa.

Mach ich, bis später, Oma.

Tschüss Babymäuschen.

abends

Hallo Babymäuschen, bist du noch wach?

*Hallo Oma, *gähn*, so gerade eben. Ich bin so was von müde, ob ich wohl zu viel am Daumen gelutscht habe?*

Ach, das glaube ich nicht. Ich denke, wachsen ist so anstrengend.

Dann bin ich heute bestimmt 100 Meter gewachsen, so müde bin ich.

Ich wollte dir auch nur rasch eine gute Nacht wünschen.

Danke, die wünsche ich auch.

Bis morgen, Babymäuschen.

Bis morgen, Oma.

11. November

Hallo Babymäuschen.
Hallo.
Wie geht es dir?
Nicht gut, Mama und ich sind heute sehr gestresst und müde. Die Arbeit in der Bank, weiß du …
Ja, ich weiß …
Mama ist müde und ich habe versucht, nicht so viel zu strampeln.
Echt?
Ja, aber es hat nicht geklappt. Ich muss einfach strampeln. Weißt du nicht, was ich machen kann, um weniger zu strampeln?
Da kannst du gar nichts machen, einfach weiter strampeln.
*Meinst du? Dann mache ich das *strampelstrampelstrampel**
Richtig so.
Ist gut. Strampelst du auch?
Nein, so etwas tun Omas nicht mehr. Ich bin müde und gehe jetzt schlafen.
Gute Nacht, Babymäuschen.
strampelstrampelstrampel – gute Nacht, Oma – *strampelstrampel*

12. November

Hallo Babymäuschen.
Hallo! Wieso guckst du so viereckig?
Bin krank.

Oh je, dann solltest schlafen. Ein-Papa steckt die Mama und mich immer ins Bett, wenn es uns nicht gut geht.

Ein-Papa hat Recht. Ich gehe jetzt ins Bett. Gute Nacht, Babymäuschen.

Gute Nacht, Oma, und erhole dich gut.

13. November morgens

Hallo Babymäuschen, bist du schon wach?

Hallo Oma, natürlich! Mama und ich sind schon unterwegs zur Bank. Wir haben lecker gefrühstückt, den ein-Papa geküsst und sind losgefahren.

Prima, ich bin noch nicht fertig mit dem Frühstück, habe verschlafen.

Das passiert mir dauernd. Immer, wenn wir etwas Spannendes machen, schlafe ich ein und werde erst wach, wenn wir wieder zuhause sind. War bei dir auch etwas Spannendes?

Nein, ich habe einfach nur geschlafen.

Wir sind da! Oh, ich schlafe wieder ein. Bis später, Oma.

Bis später, Babymäuschen.

14. November

...
..
...
???

15. November

Hallo Oma, wo warst du denn?

Hallo Babymäuschen, bin krank und kann jetzt erst wieder mit dir reden.

Wie schade und dabei habe ich dir so viel zu erzählen.

Dann leg mal los.

Also die Mama und ich haben eine andere Mama getroffen, die auch ein Babymäuschen im Bauch hat. Und ich habe mit diesem Babymäuschen geredet. Es hat aber furchtbar angegeben und gesagt, dass es zwei Millionen Fingerchen hätte. Was sagst du dazu?

Aber Babymäuschen, das glaube ich nicht. Wie kannst du denn mit einem anderen Ungeborenen reden?

Ich habe mit diesem anderen Babymäuschen geredet, so wie du mit mir redest ...

Okay, mit den eigenen Waffen geschlagen.

Aber nun sag schon, wie du das findest mit den zwei Millionen Fingerchen? Das ist doch gelogen, oder? Ich habe nur eine Million.

Du hast im Leben nicht so viel Fingerchen.

Hab ich aber doch, das wirst du sehen, wenn ich geboren bin.

Ja, das werden wir sehen, mein Babymäuschen, ich werde als erstes deine Fingerchen zählen.

Und wenn ich Recht habe?

Dann bekommst du von mir einen ganz tolles Rässelchen.

Au ja, und wenn du Recht hast?

Bekommst du es auch.

Hurra!

Und nun muss ich schlafen, bin noch nicht ganz gesund.

Dann gute Nacht, Oma, und erhole dich gut.

Gute Nacht, Babymäuschen.

16. November

Hallo Babymäuschen.

Hallo Oma, wieder gesund?

Ja, fast. Wie geht es dir?

Bestens. Ich bin wieder drei Meter gewachsen.

Ist ja unglaublich. Und was hast du heute sonst noch so gemacht?

Nix. Mama und ich und dieser ein-Papa sind zuhause geblieben, weil es draußen geregnet hat und alle nicht nass werden wollten. Verstehst du das? Ich bin doch immer nass.

Nun ja, Mama und Papa aber nicht. Sicher habt ihr es euch zuhause gemütlich gemacht, oder?

Und wie! Das war richtig toll. Wir waren alle drei auf der Couch, haben geschnadert und Filme geschaut. Was ist schnadern?

Süßigkeiten essen wie Schokolade und Gummibärchen. Was Filme sind weißt du?

Nicht so richtig, aber man muss dabei lachen.

Dann habt ihr lustige Filme geschaut.

Ich denke schon. Jetzt bin aber müde.

Ich auch. Dann klären wir das mit den Filmen später. Schlaf schön, Babymäuschen.

Du auch, Oma.

17. November

Guten Morgen, Babymäuschen.
*Huch, Oma, schon wach? *gähn**
Ja, du noch nicht?
Ich habe die ganze Nacht durchgestrampelt und bin jetzt völlig fertig.
Warum hast du das denn gemacht?
Ich muss strampeln, das weißt du doch.
Ja, gut, aber warum denn nachts? Da solltest du schlafen so wie Mama.
Nacht, Tag, das ist mir völlig wurscht.
Wurscht?
Sagt mein ein-Papa immer.
Aha, jetzt ist es dein ein-Papa.
Irgendwie ist der cool und bringt Mama und mich immer zum Lachen.
Ich staune.
Und ich muss jetzt schlafen, ist schließlich Tag.
Hehe, das wird deine Mama freuen. Schlaf schön!
ratz

18. November

Hallo Babymäuschen.
Hallo.
Wie sieht es aus bei dir?

Bestens. Heute war es lustig. Mama war fröhlich und ich auch. Sie hat viel gelacht und mir wurde ganz warm im Bäuchlein, das war schön.

Das glaube ich dir. Hast du auch schön *blubber-blubber-blubber* gemacht?

Also Oma, das heißt ‚wachsen'!

Oh, Verzeihung.

Ich muss schon sagen ... das solltest du als Oma eigentlich wissen.

Aber du hast das doch immer gesagt.

Ja, du, da war ich noch klein. Jetzt bin ich schon sooo groß und da rede ich nicht mehr in der Embryo-Sprache.

Gut, ich merke es mir.

Ich bin schon fast ein fertiges Baby.

Wirklich?

Ja, an mir ist alles dran, was ich brauche. Und ich habe gelernt, am Daumen zu lutschen. Ich glaube, das ist das Wichtigste, oder was meinst du?

Nein, das glaube ich nicht.

Und was ist das Wichtigste?

Deine Mama anlächeln.

Ach, echt? Und wie geht das?

Einfach das Lächeln deiner Mama nachmachen.

Ach so, das lerne ich leicht, wirst sehen.

19. November morgens

Hallo Babymäuschen, ich bin heute in der Zeitung und du auch, allerdings nicht direkt.

Hallo Oma, was ist nicht direkt?

Nicht direkt ist indirekt.
Also wieder ein Gegenteil?
Ja.
Ich bin also Gegenteil in der Zeitung?
Aber Babymäuschen, ein Mensch kann doch kein Gegenteil sein.
Hast du aber gesagt.
Hab ich gar nicht.
Hast du doch!
Hm, das läuft nicht gut. Wieder zurück. Über dich und über mich wird heute in der Zeitung berichtet.
Das ist ja schön, juchu! Was ist eine Zeitung?
Das ist ein Papier, das ganz viele Leute lesen.
Verstehe ich nicht, aber klingt gut. Freust du dich?
Ja.
Ich freue mich auch. Wird Mama auch erwähnt?
Natürlich!
Juchu! Und ein-Papa?
Der nicht.
Warum nicht?
Weil …hm … ich danach nicht gefragt wurde. Mensch, Babymäuschen, das ist ein Artikel über mich als Schriftstellerin und da ich ein Buch über unser Gespräch schreibe, wirst du logischerweise auch erwähnt.
Was ist logisch?
Ganz einfach: DU bist logisch. Wo du das nur her hast …

Also ich glaube, ich strampel jetzt mal lieber eine Runde. Kannst mir die Zeitung ja zeigen, wenn ich geboren bin.

Okay, das mache ich. Bis später, Babymäuschen.

Bis später, Oma.

20. November morgens

Hallo Babymäuschen.

Hallo Oma, ich habe gestern Abend auf dich gewartet …

Oh, entschuldige, ich hätte gerne noch mit dir geplaudert, aber mein Schleppi hing fest.

Das verstehe ich … was ist denn ein Schleppi und wo hing der fest? Ich hänge nie fest.

Ein Schleppi ist eine Art Schreibmaschine. Ich schreibe alles auf, was wir reden. Du weißt doch, da wird ein Buch draus – und fest hängen ist, wenn es einen Widerstand gibt, an dem man nicht vorbeikommt.

Ein Widerstand? Was soll denn das sein? Kenne ich nicht, ich habe keinen Widerstand. Frag doch einfach mal die Mama, die kann dir sicher bei deinem Widerstand helfen. Mama kann alles.

Klar, weiß ich, aber Opa hat geholfen, der kann auch sehr viel.

Meine Güte, der auch? Na, keine Sorge, wenn ich geboren bin, dann kann ich das auch … Widerstände wegmachen und so.

Bestimmt, mein Babymäuschen.

Du solltest das aber auch mal können!

Meinst du?

Natürlich!

Ja gut, dann mache ich jetzt mal meinen Widerstand weg und putze die Küche.

Mit Wasser?

Klar!

Das ist gut, Wasser ist gut.

Bis später, mein Babymäuschen.

21. November morgens 7 Uhr

Oma, Oma, es ist etwas Schreckliches passiert!

Um Himmels willen, Babymäuschen, was denn?

Das Wasser wird kleiner.

Welches Wasser?

Aber Oma, das, in dem ich schwimme. Es ist diese Nacht kleiner geworden, ich komme mit meinen Beinchen schon bis an die Wand. Ich habe geklopft, damit die Mama das merkt, aber sie hat nur gesagt: „Ist schon gut, mein Schatz." Was ist ein Schatz?

Etwas sehr Kostbares.

Bin ich kostbar?

Und wie!

Oh! Aber Oma, jetzt hilf mir doch! Was mache ich bloß? Was soll machen, wenn das Wasser noch kleiner wird und ich keinen Platz mehr habe?

Also Babymäuschen, erst einmal wird nicht das Wasser kleiner, sondern du größer. Und wenn du gar keinen Platz mehr hast, dann kommst du einfach raus.

Ja wie denn?
Keine Bange, das klappt schon.
Meinst du? Woher willst du das denn wissen?
Nun ja, ich kenne mich da aus.
Wieso denn?
Habe das schon erlebt.
Na, ich aber noch nicht. Ich weiß nicht, ich weiß nicht, die Sache kommt mir schon merkwürdig vor …
Ist sie nicht, sondern ganz natürlich.
Was ist natürlich?
Etwas, was mit der Natur in Einklang steht.
Bin ich im Einklang?
Aber sicher, Babymäuschen, und wie!
Ach, das beruhigt mich jetzt. Danke, Oma, ich hoffe, du bist auch im Einklang.
Ich bemühe mich. Bis später, Babymäuschen.
Bis später, du Einklang-Oma.

22. November morgens

Hallo Babymäuschen, bist du schon wach?
Hallo Oma, schon längst. Mama und ich haben schon gefrühstückt und ich habe mein Morgenstrampel absolviert.
Ja, deine Mama hat mir gestern gesagt, dass du sie getreten hast.
Echt? Oh, das wollte ich nicht. Nur das Wasser wird kleiner, das weißt du ja. Aber sag mal, heiße ich wirklich Fürchtegott?
Ach wo, das ist ein Scherz von deinem Papa.

Also dieser ein-Papa muss das aber wissen. Er sagte gestern zur Mama, er sei Jurist und mache die Gesetze.

Aber Babymäuschen, nun lass mal die Kirche im Dorf.

Was ist eine Kirche und ein Dorf?

Eine Kirche ist ein Haus, in dem man betet – so wie ich gerade bete, dass du mit der Fragerei aufhörst.

Und das machst du in einem Dorf?

Ahem, ich glaube ich habe jetzt keine Zeit mehr, um mit dir zu plaudern, die Hausarbeit ruft.

Omaaa, bleib da und spiel mit mir.

Später, Babymäuschen, erst muss ich klären, was eine Kirche und ein Dorf miteinander zu tun haben.

23. November

Hallo Babymäuschen.

Hallo Oma.

Wie geht es dir?

*Ich bin so müde heute *gähn*, habe fast den ganzen Tag geschlafen. Mama hat sich schon Sorgen gemacht, braucht sie aber nicht.*

Ich bin heute auch so müde, das ist manchmal so.

Finde ich auch, aber ich möchte nicht, dass Mama sich Sorgen macht, dann werden die Wände von meinem Wasser so hart. Ich habe mir vorgenommen, diese Nacht viel zu strampeln, dann ist sie sicher beruhigt.

Mach das, Babymäuschen, das ist eine gute Idee.

Und du? Strampelst du auch diese Nacht?

Omas strampeln doch nicht, schon vergessen? Nein, ich werde schlafen.

Dann schlaf schön, Oma, ich fange jetzt mit strampeln an.

Bis morgen, Babymäuschen.

Bis morgen, Oma.

24. November morgens

Hallo Babymäuschen, guten Morgen.

Hallo Oma.

Hast du gut geschlafen?

Ja, bis ein Uhr habe ich gestrampelt und dann bin ich eingeschlafen.

Bis ein Uhr? Woher weißt du das?

Weil die Mama das gesagt hat.

Was hat sie gesagt?

Sie sagte: „Es ist ein Uhr, jetzt hast du genug gestrampelt, nun wird geschlafen."

Aha, und du, als braver Junge, hast auf Mama gehört.

Ach wo, ich war gerade fertig mit strampeln ...

Hm ...

Was ist ‚brav'?

Das ist, wenn man auf Mama und Papa hört und tut, was sie sagen.

Also, das tue ich nicht, ich strampel, wann ich will. Aber sonst, höre ich auf Mama, ich höre alles, was sie sagt.

Das ist ein anderes Hören.

Gibt es zwei Hören? Hab ich zwei Ohren?

Öhm, ja, hast du, aber das wird jetzt zu kompliziert.

Was ist ‚kompliziert'?

Hm, schwierig …

Schwierig oder schwierig zu sagen – oder zu hören?

Oma?

Bist du noch da? Hörst du mich?

Ja, also, kompliziert heißt schwierig und hören bedeutet auch, befolgen. Klar?

Nö.

Musst du auch noch gar nicht verstehen.

Meinst du? Na gut, dann lutsche ich jetzt mal am Daumen, davon verstehe ich was.

Mit Sicherheit, mein Babymäuschen. Bis später.

Tschüss, Oma.

25. November

Hallo Babymäuschen.

Hallo.

Wie war dein Tag?

Gut, ich bin viel gewachsen, du glaubst es nicht.

Richtig viel?

Und wie! War aber auch anstrengend.

Das glaube ich dir.

Bin jetzt müde *gähn*

Ist ja auch schon spät, Babymäuschen.

Meinst du? Ist mir ja eigentlich egal … ob früh oder spät …

Tag oder Nacht ... ich weiß, kleinen Kindern ist das egal.
Dir nicht?
Nee du, nachts liege ich im Bett und schlafe, das ist sehr gemütlich.
Hier in meinem Wasser ist aber auch richtig schön, ich schaukele hin und her.
Es gibt Wasserbetten, da schaukelt man auch.
Dann will ich auch mal ein Wasserbett haben.
Ob es Wasserbetten für Babymäuschen gibt, bezweifle ich aber.
Dann soll ein-Papa eines für mich bauen, sag ihm das bitte.
Mach ich. Und jetzt gehe ich schlafen, gute Nacht.
Gute Nacht, Oma.

26. November mittags

Hallo Babymäuschen.
Huhu, Oma. Gibt es etwas Neues?
Oh ja. Ich habe mit deiner Mama gesprochen, sie hat dich heute messen lassen.
Wie? Was? Habe ich ja gar nicht gemerkt.
Vielleicht hast du geschlafen.
Hm ... aber wie groß bin ich denn nun?
25 Zentimeter.
Toll, ich bin schon richtig groß.
Und du wiegst 430 Gramm.
Ja, du, wenn das nichts ist ... was ist denn ‚wiegen'?
430 Gramm sind dein Gewicht, so schwer bist du.

Was ist ‚Gewicht'?

Das kannst du gar nicht wissen, denn du bist ja in der Schwerelosigkeit.

In der Schwerelosigkeit und ich bin schwer? Wie geht das denn?

Ach du, das ist dein Gewicht, unabhängig davon, wo du gerade bist. Moment, das stimmt auch nicht, denn auf dem Mond würdest du weniger wiegen, nur etwa 70 Gramm.

Warum?

Dort ist die Schwerkraft geringer.

Auf dem Mond? Wo ist der denn?

Am Himmel. Jetzt willst du sicher wissen, was der Himmel ist, oder?

Nein, den Himmel kenne ich, das ist meine Mama.

Wie Recht du hast, mein Babymäuschen.

27. November

Hallo Babymäuschen.

Hallo Oma. Du sag mal, weißt du was 'lieb haben' ist?

Ja, schon.

Das hat dieser ein-Papa zur Mama gesagt und Mama sagt das oft zu mir. Also was ist das?

Du weißt doch, wenn die Mama singt, dann hast du dieses warme Gefühl im Bäuchlein.

Ja. Also ist singen lieb haben?

Moment, und wenn die Mama fröhlich ist und es euch gut geht, dann ist dein Bäuchlein auch ganz warm.

Stimmt, und auch, wenn ein-Papa, Mama und ich auf dem Sofa kuscheln. Dann ist fröhlich sein und kuscheln lieb haben?

Fast.

Was fehlt denn noch?

Sich freuen, dass es jemanden gibt.

Also, ich freue mich, dass es Mama gibt, denn ohne sie, gäbe es mich nicht. Dann habe ich Mama lieb?

Juhu, du hast es verstanden.

Aha, und freust du dich, dass es mich gibt?

Und wie!

Verstehe, dann hast du mich auch lieb.

Ja.

Und wer noch?

Dein Papa freut sich, dass es die Mama gibt.

Und Mama freut sich, dass es den Papa gibt, stimmt's?

Ja, du verstehst wirklich schnell.

Das freut mich.

Aber nicht, dass du denkst, dass du jetzt das Verstehen lieb hast.

Aber Oma ... ich bin doch schlau! So habe ich mal gedacht, aber jetzt bin ich schon sooo groß, dass mein Wasser immer kleiner wird und ich mir ernsthafte Sorgen darüber mache.

Darüber brauchst du dich nicht zu sorgen, das fügt sich schon.

Was ist fügen?

Alles geht gut.
Wenn du meinst …
Tu ich, mein Babymäuschen, glaub deiner Oma.
Gut, weil du mich ja lieb hast.
Gute Nacht, Babymäuschen, schlafe schön.
Gute Nacht.

28. November

Hallo Babymäuschen.
Hallo Oma. Mama und ich sind heute sehr müde, es geht uns nicht gut.
Ja, ich weiß, Mama hat Schnupfen.
Ich auch! Was ist Schnupfen?
Dann läuft die Nase.
Ich habe aber gar keine Nase.
Doch, hast du.
Glaub ich nicht. Wo soll die denn sein?
Mitten im Gesicht.
Wo ist ein Gesicht?
Am Kopf.
Einen Kopf habe ich, Moment, ich fühle mal nach. Ja, da ist etwas! Ich habe sogar zwei Nasen, auf jeder Seite von meinem Kopf eine. Ist das nicht toll? Habe ich jetzt einen Doppelschnupfen?
Babymäuschen, du hast deine Ohren gefühlt! Davon hat man zwei, Nasen hat man nur eine und folglich gibt es keinen Doppelschnupfen.
Gibt es wohl!
Ach ja?

Ja, wenn Mama und ich, wenn wir beide einen Schnupfen haben, dann ist das ein Doppelschnupfen, weil Mama und ich eins sind.

Und mal wieder hast du Recht, mein gescheites Babymäuschen. Dann schlaft euch jetzt mal schön gesund. Gute Nacht.

Gute Nacht, Oma.

29. November morgens

Hallo Babymäuschen.

Hallo Oma, schau mal, was ich kann!

Kann ich nicht sehen, sag es mir.

Ich kann mich um mich selber drehen.

Das ist aber nicht neu.

Stimmt, aber jetzt kann ich es mit Schwung.

Toll.

Kannst du das auch?

Nein.

Warum nicht?

Weil ich nicht im Wasser bin.

Dann geh doch in deine Badewanne.

Da wäre immer noch zu wenig Wasser drin, ich müsste ganz unter und im Wasser sein, um mich um meine eigene Achse zu drehen und Loopings zu machen, und dann könnte ich nicht mehr atmen.

Was ist atmen?

Mit den Lungen Luft holen.

Habe ich Lungen?

Ja, aber die arbeiten noch nicht.

Dann atme ich also nicht.
Deine Mama atmet für dich.
Wirklich? Das ist aber toll von ihr.
Das ist es auch.
Atmest du alleine?
Ja, schon lange.
Wann atmet man denn alleine?
Sobald man geboren ist.
Sofort?
Sofort.
Uiii, dann muss ich aber noch üben.
Hast noch Zeit, Babymäuschen.
Na, besser ist besser, ich übe jetzt mal. Tschüss Oma, bis später.
Tschüss Babymäuschen und viel Erfolg.

30. November

Hallo Babymäuschen, alles klar bei dir?
Hallo Oma, ja, alles klar.
Was hast du heute gemacht?
Mama, dieser ein-Papa und ich waren auf einem Weihnachtsmarkt. Was ist das?
Da kann man Essen und Trinken und Weihnachtsschmuck kaufen.
Was ist Weihnachten?
Das ist eine Feier zu Ehren des Jesuskindes, das zu der Zeit geboren wurde.
Ich bin noch nicht geboren.

Heißt du Jesus?

Nein, Babymäuschen.

Du bist also nicht gemeint.

Und wenn ich geboren werde, wird dann auch gefeiert?

Natürlich.

Mit mir?

Mit dir.

Juchhu!

Ich freue mich auch darauf, das wird schön. Und jetzt wird geschlafen. Gute Nacht, Babymäuschen.

Gute Nacht, Oma.

1. Dezember morgens um 7

Hallo Babymäuschen, bist du schon wach?

Hallo Oma, ja, du auch?

Klar, ich habe schon gefrühstückt und Kaffee getrunken.

Mama und ich frühstücken auch gerade. Was ist das und was ist Kaffee?

Frühstück ist die erste Mahlzeit am Tage, meistens gibt es Brötchen mit Käse oder so und Kaffee. Kaffee trinken große Leute, das ist ein Getränk, das wach macht.

Kriege ich auch Kaffee, wenn ich geboren bin?

Nein, würdest du nicht vertragen, du bekommst Milch und später Kakao.

Was ist denn trinken?

Etwas Flüssiges im Mund haben und dann herunterschlucken.

Ist mein Wasser flüssig?

Und wie!

Das habe ich oft im Mund. Dann habe ich also getrunken, wenn ich es geschluckt habe?

Genauso ist es.

Aha, und wenn Mama Kaffee trinkt?

Was ist dann?

Ist dann mein Wasser Kaffee?

Nee, so kannst du das nicht sehen.

Wie dann?

Was Mama isst und trinkt kommt nicht in dein Wasser, sondern die Inhaltsstoffe gehen über Mamas Blut in die Nabelschnur und dann in deinen Bauch.

Du redest heute komisches Zeug, Oma.

Wieso?

Ich habe hier doch keine Nabelschnur, sondern ein Seilchen, mit dem ich rumturne. Als wenn da Kaffee drin wäre ...

Hm, irgendwie haben wir uns verwurschtelt.

Was ist ...?

... nein, bitte nicht, ich muss erst noch eine Tasse Kaffee trinken, bevor ich weitere Fragen von dir beantworten kann ... wenn ich das überhaupt kann.

Schon gut, Oma, Mama und haben eh keine Zeit mehr, wir müssen jetzt in die Bank. Tschüss, du Oma.

Tschüss, du Babymäuschen.

2. Dezember morgens

Hallo Babymäuschen, brrr, ist das kalt geworden.

Hallo Oma, also mir ist nicht kalt. Ich weiß gar nicht, was das ist.

Ja, bei dir sind es immer 37 Grad.

Woher weißt du das denn?

Das ist die normale Temperatur eines Menschen.

Und ich bin ja ein Mensch ...

Klar! Aber deine Mama macht diese Temperatur, damit dir nicht kalt ist und du nicht frieren musst.

Was ist frieren?

Zittern, mit den Zähnen klappern ...

Habe ich Zähne?

Nein, noch nicht.

Dann kann ich ja auch nicht klappern, oder?

Kannst du nicht.

Aber zittern könnte ich.

Wenn du frieren würdest, was du aber nicht tust.

Ein Glück! Friert Mama denn?

Glaube ich nicht, ihr seid doch in der Bank und da ist ganz warm.

Dann hat Mama auch Glück.

Und ich habe Glück, weil ich Oma eines Babymäuschens werde.

gähn, soviel Glück macht müde.

Dann schlafe mal schön. Tschüss Babymäuschen, bis später.

Tschüss Oma.

3. Dezember mittags

Hallo Babymäuschen. Hurra, es schneit!

Hallo Oma. Was ist das?

Wenn Schnee fällt, dann schneit es.

Und was ist denn Schnee?

Gefrorenes Wasser. Das ist kalt, als Schnee sehr weich, als Eis sehr hart.

Oh, kann mein Wasser auch gefrorenes Wasser werden? Hilfe, ich muss sofort hier raus! Weiß Mama das? Sag es ihr schnell, ich werde strampeln, damit sie aufmerksam wird.

Keine Panik, Babymäuschen, dein Wasser wird nicht gefrieren.

Weißt du das genau?

Ja.

Puh, da bin ich froh. Aber wieso freust du dich über dieses Gefrorene?

Weil es so schön aussieht. Du wirst den Schnee auch lieben, wenn du geboren bist. Alle Kinder lieben den Schnee. Damit kann man so schön spielen.

Wenn ich geboren werde, schneit es dann?

Nein, dann ist kein Winter mehr, sondern Frühling.

Weißt du das genau?

Auch das weiß ich genau. Ich bin auch im Frühjahr geboren, genau wie du. Mit ein bisschen Glück haben wir am gleichen Tag Geburtstag.

Das ist ja toll. Dann freue ich mich jetzt mal über den Schnee, über unseren Geburtstag und über Mama.

Über Mama?

Ja, sie ist die Tollste.

Da hast du Recht, mein Babymäuschen. Tschüss, bis später.
Tschüss, Oma.

4. Dezember morgens

Hallo Babymäuschen, schon wach?
Hallo Oma, klar, Mama und ich müssen doch in die Bank und ein-Papa in die Kanzlei.
Mama sagte kürzlich, dein Papa wäre geflogen.
Was ist fliegen?
Schweben, so wie du in deinem Wasser, nur in der Luft.
Und das kann ein-Papa?
Nun ja, er braucht schon noch ein Flugzeug dazu.
Aber dann fliegt er?
Ja.
Der scheint ja gar nicht so dumm zu sein.
Babymäuschen! Das ist er auf keinen Fall!
Wenn er fliegen kann ... ob er auch mit mir mal fliegt, wenn ich geboren bin?
Bestimmt.
Juchu, das möchte ich so gerne, fliegen, in der Luft herumtollen und Purzelbäume schlagen.
Ich glaube, das geht eher in der Schwerelosigkeit.
Bin ich in der Schwerelosigkeit, weil ich das jetzt in meinem Wasser alles kann?
In etwa, kann man vergleichen.
Verstehe ich nicht ...

Nun, du bist nicht schwerelos, aber es kommt dir so vor. Das geht allen Menschen, die im Wasser schwimmen und tauchen, deshalb machen sie es so gerne.

Siehst du, Oma, das verstehe ich. Aber jetzt haben Mama und ich keine Zeit mehr, wir müssen los. Mama sagte gerade: „Die Arbeit ruft."

Dann lasst euch nicht aufhalten. Tschüss Babymäuschen.

5. Dezember

Hallo Babymäuschen.

Hallo Oma. Du sag mal, irgendwie ist Mama ganz aufgeregt und hat was von einem Stiefel gesagt. Verstehst du das?

Ja, heute ist Nikolausabend. Da stellt man einen Stiefel raus und wenn man brav war, legt der Nikolaus Geschenke hinein.

Ach du liebes Bisschen und ich habe doch keinen Stiefel. Was mache ich denn jetzt?

Keine Sorge, deine Mama hat einen Stiefel rausgestellt.

Für mich mit?

Bestimmt.

Und was bekommen wir? Halt, waren wir denn brav?

Natürlich! Und Mama bekommt sicher ganz leckere Schokolade und vielleicht einen Ring aus Gold oder so.

Und ich?

Kannst du Schokolade essen?

Nein ...
Tja ...
Muss ich dazu erst geboren sein?
Ja.
Hm ... geht das schon?
Nein.
Warum nicht?
Du bist noch zu klein.
Ich bitte dich! Beim letzten Messen war ich 25 Zentimeter groß!
Das ist zu klein.
Wann bin ich groß genug?
Wenn du etwa 50 Zentimeter groß bist und 3000 Gramm wiegst.
Hm ... da habe ich noch was zu tun ... und bekomme keine Schokolade ...
Das denke ich auch, aber keine Bange, Nikolausabend ist in jedem Jahr und wenn du geboren bist, stellst du gleich einen Stiefel raus. Ich schenke dir welche, habe Stiefelchen aus Stoff hier, da ist sogar ein Nikolaus drauf gestickt.
Und legt er dann Schokolade rein?
Ja, und da geht bestimmt ein ganzer Riegel Schoko rein.
Wie schön!
Dann freu dich mal auf dein erstes Nikolausfest, mein Babymäuschen, und wachse schön.
Mach ich, Oma, tschüss.
Tschüss, bis morgen.

6. Dezember

Hallo Babymäuschen, schläfst du schon?

Hallo Oma, fast, bin ganz müde.

Von der Nikolausfeier bei Oma Maria?

Davon weiß ich nichts, habe heute so vor mich hin geträumt.

Hast du denn nicht gemerkt, dass ihr mit dem Auto gefahren seid? Und hast du nicht die vielen Stimmen gehört?

Doch, schon, wo war ich?

Bei deiner Oma Maria und dem Opa Josef, deine Mama hat mich von dort aus angerufen.

Und wo warst du?

Bei deinem Onkel Chrissy zum Nikolauskaffee.

Alle feiern Nikolaus …

Tja, ist halt der 6. Dezember.

Und morgen, was wird da gefeiert?

Der 2. Advent.

Also das ist mir zu viel Feier, ich schlafe jetzt durch bis zweimal Morgen.

Mach das, Babymäuschen, bis dann.

Gute Nacht, Oma.

7. Dezember

Hallo Babymäuschen. Na, wie war der 2. Adventssonntag bei dir?

Hallo Oma, frag nicht!

Wieso?

Na, es ging die ganze Zeit um Geschenke und Feiern. Ich will aber nur meine Ruhe zum Wachsen haben und keine Geschenke. Was sind Geschenke?

Hübsche Überraschungen wie zum Beispiel das Rässelchen, das du von mir bekommst. Weißt du noch unsere Wette?

Ach so, jetzt verstehe ich das.

Also magst du Geschenke?

Nur wenn es Rässelchen sind.

Kriegst du bestimmt nächsten Weihnachten.

Muss ich dann auch feiern?

Nö, in deinem Alter muss man das noch nicht.

Ein Glück! Und du?

Ich auch nicht. Du bist zu jung und ich zu alt.

Wie schön, dann können wir doch zusammen nicht feiern, ja?

Machen wir, Babymäuschen.

Also abgemacht?

Abgemacht!

Dann schlaf jetzt mal schön, mein Babymäuschen.

Du auch, meine Oma, gute Nacht.

Gute Nacht.

8. Dezember mittags

Hallo Babymäuschen, alles klar bei dir?

Hallo Oma, irgendwie nicht so ...

Was ist los?

Nicht nur, dass mein Wasser kleiner wird, es wird auch lauter.

Das Wasser?
Ja. Verstehst du das?
Ich glaube ja. Es hat mit deinen Ohren zu tun.
Was soll das denn mit meinem Ohren zu tun haben?
Ich glaube, du kannst jetzt so richtig hören.
Mit meinen Ohren?
Womit denn sonst?
Ich probiere es mal aus, Augenblick.
...
...
...
Tatsächlich, es stimmt!
Wie und was hast du denn jetzt ausprobiert?
Ich habe zuerst mein linkes Ohr und dann mein rechtes Ohr an die Wand meines Wassers gehalten.
Du meinst Mamas Bauch.
Genau! Und da habe ich ganz deutlich Mamas Stimme gehört. Aber da war gar keine andere Stimme. Womit hat sie denn gesprochen?
Ich denke mal, sie hat telefoniert, dann kannst du die andere Stimme nicht hören.
Das ist aber doof, so weiß ich doch gar nicht, was die andere Stimme gesagt hat und wer sie überhaupt ist.
Das weiß man nie. Ich wüsste es auch nicht.
Ich horche mal weiter.
...
...
Geben Sie hier eine Formel ein....

Hey, es geht um meinen Kinderwagen! Der soll jetzt bald gekauft werden. Ist das nicht toll?

Ist es, mein Babymäuschen.

Und jetzt geht es um einen Stubenwagen. Was soll das denn sein? Ich meine, wenn ich einen Kinderwagen habe brauche ich doch keinen Stubenwagen, oder?

Doch, der eine ist für drinnen und der andere für draußen.

Was ist drinnen und was ist draußen?

Ganz einfach, zurzeit bist du in der Mama und wenn du geboren bist, draußen.

Wer will das schon ... ich jedenfalls nicht!

Warte es mal ab.

Pah!

Bis später, Babymäuschen.

Bis später, Oma.

abends

Hallo Babymäuschen, bist du noch wach?

Hallo Oma, natürlich, Mama, ein-Papa und ich sind ganz aufgeregt.

Ja, ich weiß, wegen dem Kinderwagen. Deine Eltern haben ihn heute gekauft und konnten ihn direkt mit nach Hause nehmen. Ich habe ihn gesehen!

Uiii, Oma, sag schon, wie sieht er aus?

Na super! Chic und flott, er wird dir gefallen. Und er hat viele Funktionen, so kann man aus ihm eine Schale als Sitz für das Auto machen. Ein ganz moderner Wagen für ein modernes Baby.

Ich bin modern?

Und wie!

Und du?

Ich nicht, mein Wagen ist uralt.

Dein Kinderwagen?

Nein, mein Auto.

Ist nicht schlimm, Oma, dann fahr doch einfach in meinem Wagen mit. Ich rücke ein wenig zur Seite, ziehe mein Bäuchlein ein, dann ist darin bestimmt noch Platz.

Das ist ganz lieb von dir, aber ich fahre doch besser in meinem Wagen und nehme dich mit, wo du doch so eine tolle Babyschale hast.

Auch gut. Jetzt bin ich müde, es war so aufregend heute, dass ich ganz vergessen habe, tagsüber zu schlafen. Gute Nacht, Oma.

Gute Nacht, du modernes Babymäuschen.

9. Dezember

Hallo Babymäuschen.

Hallo.

Wie war dein Tag?

Gut. Mama und ich haben Urlaub, das ist ganz toll! Wir haben auf der Couch gelegen, leckere Sachen gegessen und viel geschlafen. Was ist Urlaub?

Urlaub ist, wenn man frei hat und tun kann was man will. Also, wenn deine Mama nicht in die Bank muss.

Ach so … na, trotzdem gut.

Was hast du denn gedacht?
Ich dachte, auf der Couch liegen ist Urlaub.
Tja ...
Ich habe übrigens gehört, dass du auch einen Kinderstuhl bekommst.
Juchhu! Was ist das denn?
Das ist ein kleiner Stuhl, extra für Babys. Damit können sie am Tisch sitzen wie die großen Leute.
Oha, brauche ich doch gar nicht. Ich werde sicher nie am Tisch sitzen.
Doch, wirst du.
Meinst du wirklich?
Ganz bestimmt. Wir wollen doch später zusammen Memory spielen, oder?
Klar!
Dazu sitzt man auch am Tisch.
Na gut, dann halt ein Kinderstuhl für mich.
Hat Mama denn auch einen Stuhl?
Natürlich! Sogar mehr als einen.
Das ist gut, sonst würde ich ihr meinen geben.
Du bist ein liebes Babymäuschen.
Vielleicht, ich weiß es nicht.
Doch, bestimmt. Und jetzt wird geschlafen. Gute Nacht, Babymäuschen.
Gute Nacht, du liebe Oma.

10. Dezember

Hallo Babymäuschen.

Hallo.

Hast du mitbekommen, wie es heute geregnet hat?

Ja, und ich weiß auch, was Regen ist: Wasser von oben und man braucht einen Schirm, sagte Mama. Was ist ein Schirm?

Ein Schirm ist ein Ding, das man aufspannen kann und was den Regen abhält. Dann wird man nicht nass.

Gibt es so etwas auch für mich?

Nicht dass ich wüsste. Wie stellst du dir das denn vor? Im Wasser schwimmen mit Regenschirm?

Eigentlich ja. Wenn Mama einen Regenschirm hat, will ich auch einen.

Du kannst später einen Kinderregenschirm bekommen.

Den gibt es?

Ja, mit hübschen Bildern drauf.

Dann will ich einen haben mit dem Bild von Mama drauf.

Gut, ich merke mir deinen Wunsch.

So ein Regenschirm wird toll aussehen, meinst du nicht?

Unbedingt! Und du wirst sicher der einzige kleine Junge mit so einem Schirm sein.

Mama wird sich freuen.

Ja, mag sein, oder auch nicht, ich weiß nicht …

Oder besser ein Regenschirm mit deinem Bild?

Bitte nicht!

Oder mit meinem?

‚hust', wenn du willst ...

Ich hab's! Ein Regenschirm mit Regenschirmen drauf. Na, wäre das toll?

Das ist die Idee des Tages, mein Babymäuschen.

Dann bestelle ich so einen.

Wo denn?

Da, wo Mama alles bestellt, beim lieben Gott.

Dort hat sie mich doch auch bestellt, hat sie gesagt.

Na dann ... und jetzt gute Nacht, es ist schon spät für kleine Babymäuschen.

Und für kleine Omas. Gute Nacht.

11. Dezember

Hallo Babymäuschen.

Hallo. Mama und ich haben heute Weihnachtsplätzchen gebacken!

Ihr auch?

Du auch?

Ja.

Was sind Weihnachtsplätzchen?

Was ganz Leckeres zu essen.

Ich kann doch noch gar nicht essen ... ob Mama mir welche aufhebt, bis ich geboren bin?

Nein, dann wären sie zu alt und würden nicht mehr schmecken.

Das ist ja gemein! Ich will aber Plätzchen haben!

Noch nicht geboren und schon trotzig! Babymäuschen, Weihnachtsplätzchen bäckt man jedes Jahr, also auch nächstes Jahr, wenn du auf der Welt bist.

Und dann kriege ich welche?

Nicht nur das! Du darfst bestimmt auch beim Backen helfen.

Au ja!

Auch bei mir.

Juchhu!

Und bestimmt auch bei Oma Maria.

Ja dann bin ich nicht mehr sauer.

Brauchst du auch nicht zu sein, nächstes Jahr wird alles anders.

Prima.

Ich bin müde vom Backen. So ganz ohne Hilfe war das schon sehr anstrengend.

Nächstes Mal helfe ich dir, dann hast du es leichter, kleine Oma.

Da bin ich aber beruhigt. Gute Nacht, Babymäuschen.

Gute Nacht, Oma.

12. Dezember

Hallo Babymäuschen.

Hallo Oma. Du, ich kriege doch einen Kinderstuhl, damit ich mit Mama am Tisch sitzen kann und auch mit dir und Memory spielen kann, nicht wahr?

Ja.

Und weißt du was? Ich kann sitzen!

Echt?

Ja, ich ziehe meine Beinchen an und strecke meinen Popo raus und *schwuppsdiwupps* sitze ich.

Ganz toll.

Das finde ich auch. Kannst du das bitte der Mama sagen? Ich habe schon ganz doll gestrampelt, aber sie hat mich nicht verstanden.

Ich werde es ihr sagen, aber ich denke, sie weiß es.

Woher denn?

Deine Mama ist sehr schlau.

Das weiß ich schon. Na gut, dann schau dir aber bitte mal meinen Kinderstuhl an, ob der mir auch passt.

Das mache ich, Babymäuschen, aber der wird schon passen.

Das hoffe ich mal. Stell dir nur vor, wenn der mir zu klein ist …

Oh, das kenne ich. Mein Vetter hat sich mal in einen gesetzt und kam dann nicht mehr heraus.

Schrecklich!

Ja, aber mein Vetter war auch groß und dick, für den Kinderstuhl war er viel zu alt.

Hoffentlich bin ich nicht zu alt für meinen.

Ach wo. Mein Vetter war da schon acht Jahre alt.

Wie alt bin ich denn?

Dein Alter wird erst gezählt, wenn du geboren bist. Du bist zurzeit also null Jahre alt.

Aha. Und wann werde ich acht Jahre alt?

Voraussichtlich am 2. April 2023.

Und dann setze ich mich besser nicht in meinen Kinderstuhl.

Das ist bestimmt gut so.

Gut, abgemacht.
Und jetzt gute Nacht, mein Babymäuschen.
Ich übe noch ein wenig sitzen und dann schlafe dann. Gute Nacht, Oma.

13. Dezember morgens früh um 7

Hallo Oma, bist du schon wach?
Hallo Babymäuschen, ja, was gibt es denn?
Mama, ein-Papa und ich holen gleich einen Weihnachtsbaum.
Wie schön!
Hast du auch einen?
Nein, ich besorge immer erst einen auf den letzten Drücker.
Was ist ein Drücker?
Was ein Weihnachtsbaum ist willst du nicht wissen?
Das weiß ich! Hat ein-Papa der Mama erklärt.
Der Papa der Mama? Wusste die das denn nicht?
Nein, das wusste sie nicht. Ein-Papa hat gesagt, ein Weihnachtsbaum soll ganz gerade und kreisrund sein.
Aha.
Und was ist nun ein Drücker?
Eine letzte Gelegenheit. Ich kaufe immer Weihnachtsbäume, die andere nicht haben wollen, weil sie halt nicht gerade, sondern krumm und schief sind. Und dann schreibe ich schöne Geschichten über sie.
Das ist aber nett von dir.
Danke.

Wir müssen jetzt los. Tschüss, du nette Oma, bis später.
Tschüss, Babymäuschen.

14. Dezember

Hallo Babymäuschen.
Hallo Oma.
War schön heute.
Ja, hat ein-Papa nicht tolle Waffeln gebacken? Hat Mama gesagt.
Und sie hat Recht.
Hab deine Stimme gehört, Oma.
Und ich habe gesehen, wie du Mama getreten hast.
Hab ich gar nicht, habe mich nur gereckt und gestreckt.
Ach so.
Du hast gesagt, Mama sieht müde aus. Warum sieht sie müde aus?
Weil es anstrengend ist, ein Babymäuschen im Bauch zu haben.
Ich bin also anstrengend?
Nein, du nicht, sondern die Umstände.
Welche Umstände?
Man nennt das die ‚anderen Umstände', wenn man ein Babymäuschen trägt.
Dann sind die Umstände anstrengend?
Ja.
Und ich nicht?
Nein.

Puh, da bin ich froh, habe mir solche Gedanken gemacht.

Brauchst du nicht, außerdem gehen diese Umstände auch bald vorbei.

Wird auch Zeit, mein Wasser ist schon wieder kleiner geworden.

Das denke ich mir, armes Babymäuschen.

Bin ich gar nicht! Hab doch Mama.

Hast wieder Recht, mein Babymäuschen, und jetzt wird geschlafen. Gute Nacht, bis morgen.

Gute Nacht, Oma.

15. Dezember nachmittags

Hallo Babymäuschen.

Hallo.

Ist dir auch so langweilig?

Nein, gar nicht. Mama und ich sind in der Bank und haben eine Weihnachtsfeier. Ich höre ganz viele Stimmen und alle fragen nach mir!

Sicher wie es dir geht und wann du kommst.

Ja, wann ich geboren werde und wie groß ich bin. Dabei hat mich Mama schon lange nicht mehr messen lassen.

Sie weiß das aber ungefähr.

Was ist ungefähr?

In etwa.

Und das ist?

Eine Schätzung.

Ach, das bin ich!

Wieso?

Na, du hast doch gesagt, dass ich ein Schatz bin.

Eine Schätzung ist aber kein Schatz.

Nicht? Schade … aber du, jetzt wird es spannend! Irgendjemand sagt was zu Mama.

Was denn?

Ob sie später wiederkommt. Wo geht sie denn hin? Doch wohl nicht ohne mich, oder?

Keine Bange, man will wohl wissen, ob sie wieder in die Bank kommt, wenn du groß genug bist.

Also doch ohne mich.

Du gehst dann in den Kindergarten.

Das klingt lustig.

Ist es auch.

Aber ohne Mama, ich weiß nicht …

Das wird schon …

Glaub ich nicht so, will immer bei Mama bleiben.

Sprechen wir uns in 18 Jahren mal wieder, Babymäuschen.

Ist gut, Oma, dann bis in 18 Jahren … oder morgen.

Tschüss Babymäuschen, und noch viel Spaß auf der Weihnachtsfeier.

Tschüss Oma.

16. Dezember morgens

Hallo Babymäuschen.

Hallo.

Wie geht es dir?

Bestens!
Und was machst du so?
Ich übe Schlucken, trinken und sitzen. Muss ich doch können, wenn ich geboren werde.
Na, mit dem Sitzen kannst du dir noch Zeit lassen.
Wie soll ich denn sonst mit meinem Kinderwagen fahren?
Du liegst darin.
Ach so ... dann liegst du auch in deinem Wagen?
Nein, ich sitze.
Und warum ich nicht?
Weil du dazu noch zu klein bist.
Pöhhh ...
Aber deine Eltern haben schon einen Kindersitz für ihr Auto. Den kannst du benutzen, sobald du sitzen kannst.
Wie lange dauert das denn noch?
Hast du es eilig?
Eigentlich nicht, ist schon sehr gemütlich hier – nur mein Wasser wird jeden Tag kleiner, irgendwann muss ich was unternehmen, denke ich.
Das denke ich auch. Dann übe mal schön weiter, bis später, Babymäuschen.
Bis später, Oma.

17. Dezember mittags

Hallo Babymäuschen.
Hallo Oma. Du, sag mal ...
Was denn?

Mama und dieser ein-Papa, die reden dauernd von Weihnachtsgeschenken. Ich meine ...
Ja, was meinst du denn? Ich denke, dir wäre das egal, du möchtest nur deine Ruhe haben?
Nun, ich werde ja größer und schlauer ...
Aha ...
Und nun überlege ich, ob ich wohl auch Weihnachtsgeschenke bekomme ...
Nee, die bekommst du erst, wenn du geboren bist.
Das finde ich aber gar nicht gut!
Ja, was will man da machen?
Ich weiß auch nicht.
Aber, zum Trost, ich habe ein Geschenk für dich. Diese Weihnachtssocken, davon habe ich dir doch erzählt. Ich gebe sie deiner Mama und im nächsten Jahr an Weihnachten kannst du sie anziehen – falls sie da noch passen.
Sehr lieb von dir. Und von den anderen bekomme ich nichts?
Doch, aber mehr im übertragenem Sinne ...
Öhm ... das heißt?
Die Verwandten werden deinen Eltern Sachen schenken, die sie für dich brauchen.
Sachen zum Spielen, oder?
Nein.
Oh ...
Praktische Dinge eher.
Die brauche ich nicht, ich will nur spielen.

Schon klar, aber deine Eltern brauchen sie. Nächstes Jahr zu Weihnachten bekommst du sicher jede Menge Spielzeug.

Da muss ich aber noch warten …

Nicht nur du, wir alle auch.

Darf ich mir denn schon was wünschen?

Klar!

Dann wünsche ich mir, dass ganz schnell nächstes Weihnachten ist.

Ob der Wunsch wohl in Erfüllung geht?

Bestimmt, bin doch ein Babymäuschen.

Auch wieder wahr. Bis später mal, mein Kleines.

Bis später, große Oma.

18. Dezember

Hallo Babymäuschen.

Hallo.

Sag mal, was muss ich eigentlich machen, wenn ich geboren bin?

Wie meinst du das?

Ja, ich meine, was habe ich dann zu tun? Sieh mal, Mama geht in die Bank, ein-Papa in die Kanzlei, du schreibst ein Buch über mich und was tue ich? Soll ich auch in die Bank gehen? Oder?

Nein, dazu bist du noch zu klein.

Dann in die Kanzlei mit ein-Papa zusammen?

Nein, auch das nicht.

Was denn dann? Was tun Babymäuschen so?

Nichts weiter als Babymäuschen sein, also schlafen, trinken und wachsen.

Schlafen kann ich, trinken auch und wachsen tue ich doch die ganze Zeit. Und das alles mache ich einfach weiter?

In der ersten Zeit ja.

Und dann?

Fängst du an, deine Arme und Beine zu bewegen.

Hey, das kann ich doch auch schon!

Stimmt, aber dann krabbelst du.

Was ist das?

Mit Armen und Beinen auf dem Boden vorwärts bewegen.

Das kann ich noch nicht. Ist das schwer?

Nein, aber Laufen lernen ist schwer.

Wie geht das denn?

Dann ziehst du dich hoch und marschierst auf deinen Beinchen.

Das hört sich nicht gut an …

Ist auch schwierig, da wirst du viel üben müssen und Hilfe brauchen.

Hilfst du mir dabei?

Klar!

Und dann? Was kommt dann?

Das Sprechen.

Was Mama macht?

Ja, hören kannst du ja schon, du wirst aber noch selber sprechen.

Mach ich. Bin ich dann fertig?

Mehr brauchst du als Baby nicht zu können. Alles andere kommt später.

Du hast noch Zeit und kannst schlafen, wann du willst.

Das mache ich jetzt. Gute Nacht, Oma.

Gute Nacht, Babymäuschen.

19. Dezember mittags

Hallo Babymäuschen.

Hallo.

Was machst du gerade?

Mama und ich packen Weihnachtsgeschenke ein, das macht Spaß! Mama singt dabei Weihnachtslieder und ich summe mit, aber das hört sie nicht, weil ich noch zu klein bin.

Nächstes Jahr singst du ganz laut mit.

Das habe ich mir fest vorgenommen.

Jetzt wird es langsam ernst mit den Geschenken. Ich freue mich schon auf meine.

Was bekommst du denn?

Eine neue Jeans und, ich glaube, Filme und Bücher.

Also ich möchte nur Rässelchen haben, ganz viele Rässelchen.

Kriegst du sicher, aber es gibt doch noch anderes Spielzeug, zum Beispiel kleine Autos.

Wie das, in dem Mama mich immer mitnimmt?

Danke, da wird mir nur schlecht, mag ich gar nicht.

Spielzeugautos sind aber ganz anders, da fährt man nicht drin.

Mag ich trotzdem nicht.
Vielleicht Bauklötze?
Was soll ich damit?
Schöne Sachen bauen.
Nee, ist nicht mein Fall, ich liebe Rässelchen.
Oder wie wäre es mit einem Teddybär?
Was ist denn das?
Ein haariges Plüschwesen zum Liebhaben.
Völliger Blödsinn, zum Liebhaben habe ich Mama.
Und ein Computerspiel?
Hat ein-Papa, die machen so komische Geräusche.
Hm ...
Was ist denn eine Jeans?
Eine Hose.
Ach, die brauche ich auch nicht.
Aber sicher magst du nächstes Jahr einen Schokoladenweihnachtsmann.
Wofür?
Zum Essen.
Den Weihnachtsmann essen? Ist ja schrecklich. Weißt du was, Oma, das mit den Weihnachtsgeschenken ist echt nichts für mich.
Ja, sieht so aus. Aber mal sehen, wie es im nächsten Jahr ist.
Da habe ich keine Hoffnung.
Ich aber!
Da würde ich an deiner Stelle noch einmal drüber nachdenken.
Wenn du meinst ...

Ja, meine ich!
Na gut, bis später, mein Babymäuschen.
Bis später, meine Oma.

20. Dezember

Hallo Babymäuschen.
Hallo.
Deine Mama sagte, du hättest besonders viel herumgetobt, stimmt das?
Ja, das kam daher, weil Mama und dieser ein-Papa dauernd hin- und hergelaufen sind und nie mal ruhig waren.
Was haben sie denn gemacht?
Was mit meinem Zimmer und so, du weißt schon ...
Nee, weiß ich nicht ...
Hin- und hergegangen und mein Bettchen irgendwo hingestellt. Ich weiß wirklich nicht, was das soll. Als sie endlich fertig waren, haben sie noch im Wohnzimmer einen Weihnachtsbaum aufgestellt ... und sind wieder rumgelaufen. Ich kann dir sagen ...
Das kenne ich.
Ja?
Ja, ich habe heute auch einen Weihnachtsbaum gekauft und aufgestellt.
Ach, dann hattest du heute den letzten Drücker?
Nicht ganz, sind ja noch vier Tage bis Weihnachten, ich war noch gut in der Zeit.
Bin ich auch gut in der Zeit?
Alles bestens, mein Babymäuschen.

Prima, dann schlafe ich jetzt mal, war heute echt aufregend. Gute Nacht, Oma.

Gute Nacht, Babymäuschen, und erhole dich gut.

21. Dezember

Hallo Babymäuschen.

Hallo.

Du warst also gestern Abend noch lange unterwegs.

Ich? Nee ... war doch so müde und habe geschlafen.

Hat deine Mama aber heute erzählt.

Was hat sie denn erzählt?

Dass du, Mama und Papa auf einer Weihnachtsfeier wart, bis in die Nacht hinein.

Oma, wirklich, ich weiß von nichts.

Ich denke, du hast die ganze Zeit geschlafen.

Sag ich ja ...

Na, macht ja nichts. Es war aber lustig, sagt Mama, und sie hat eine Kuchenmischung gewonnen beim Wichteln.

Was ist denn Wichteln?

Ein Weihnachtsspaß, da bringt jeder ein Geschenk mit und man wirft dieses in einen Sack. Dann zieht jeder eines heraus – und wundert oder freut sich.

Hat Mama sich denn über Backmischung gefreut?

Ich glaube eher gewundert, denn sie kann doch selber so wunderbar backen und das ganz ohne Mischung.

Ist Wundern gut oder schlecht?

Manchmal so und manchmal so, bei Mama gestern eher gut.

Ich mag es lieber, wenn Mama sich freut, dann kribbelt es immer so schön in meinem Bäuchlein.

An Heiligabend wird sie sich freuen, denn dann habe ich ein hübsches Geschenk für sie.

Prima. Und für mich ja auch, hast du gesagt.

Ja, und das gebe ich der Mama.

Freut sie sich dann doppelt?

Bestimmt!

Hurra!

Bis morgen, mein Babymäuschen, schlaf gut.

Tschüss, Oma.

22. Dezember

Hallo Babymäuschen.

Hallo.

Jetzt wird es langsam ernst ...

Womit denn?

Na, mit Weihnachten! Noch zwei Mal schlafen, dann ist es soweit.

Moment. So, jetzt habe ich gerade geschlafen. Und wenn ich jetzt noch einmal schlafe, dann ist Weihnachten?

Nein, so geht das nicht.

Hast du aber gesagt.

Mit schlafen meine ich eher die Nacht.

Was hat denn eine Nacht mit schlafen zu tun?

Tja, das kannst du als Babymäuschen noch nicht wissen.

Dann erkläre es mir doch.

Also, in der Nacht, dann schlafen die Menschen.

Ich bin ein Mensch, wie du sagst, also schlafe ich auch.

Eher nicht ...

Was eher nicht? Schlafen oder Mensch sein?

Schlafen! Babymäuschen wollen auch in der Nacht essen und versorgt werden.

Und Mama?

Die will lieber schlafen.

Dann soll sie das doch machen.

Kann sie aber nicht, wenn du geboren bist.

Weil ich essen will?

Ja.

Na, dann soll ein-Papa mir etwas zu essen geben, dann kann Mama schlafen.

Das geht nicht.

Ja, ich weiß, ein-Papa kann das nicht.

Richtig!

Ha, ich wusste es doch ... ein-Papa ist doof.

Nein, lieber Himmel, auf keinen Fall, aber er kann nicht stillen.

Kann Mama das?

Ja.

Also ist ein-Papa doch doof.

Babymäuschen!

Ja?

Das will ich nicht mehr hören!

Uiii, schimpfst du gerade mit mir?

Beinahe.

Das lass mal lieber sein.
Wieso?
Ich glaube, das ist nicht gut.
Meinst du?
Ja.
Na gut, aber du sagst nie wieder, dass dein Papa doof ist.
Abgemacht.
Hand drauf.
Hand drauf … wenn ich geboren bin.
Gute Nacht, mein liebes Babymäuschen.
Gute Nacht, meine liebe Oma.

23. Dezember

Hallo Babymäuschen.
Hallo Oma. Hattest du heute auch einen letzten Drücker?
Nein, wieso?
Ein-Papa hatte einen und wollte mit Mama zum Einkaufen fahren. Sie war aber zu müde.
Ist dein Papa dann alleine gefahren?
Papa ist ohne Mama gefahren, hat aber mich mitgenommen, damit sie mal etwas Ruhe hat.
Dich mitgenommen? Ohne Mama?
Ja, was ist dabei? Ich bin doch schon groß.
Babymäuschen, du machst Spaß.
Nein, so war das wirklich. Ein-Papa und ich haben dann in einem Eiscafé Eis gegessen, das war richtig schön.

Ich weiß nicht, ich weiß nicht ... fürs Geschichten erzählen bin ja eigentlich ich zuständig.

Und ich bin dein Enkel!

Das heißt?

Nun ja ... überlege selbst.

Gut, dann fange ich noch einmal an: Hallo Babymäuschen.

Hallo Oma.

Wie geht es dir und was hast du heute gemacht?

Mir geht es gut, ich habe heute viel gestrampelt und am Daumen gelutscht. Beides klappt prima.

Sehr schön, das gefällt mir besser.

Und du? Schreibst du immer noch ein Buch über mich?

Klar.

Und bist noch nicht fertig?

Erst wenn du geboren bist, dann ist meine Arbeit fertig.

Das dauert aber lange, dann schlafe ich mal lieber. Gute Nacht, Oma.

Gute Nacht, Babymäuschen.

24. Dezember

Frohe Weihnachten, Babymäuschen.

Hallo.

War schön heute.

Was denn?

Wir haben heute Weihnachten gefeiert ... Du, Mama, Papa, Opa, Onkel Christian, Tante Jana und ich.

Wirklich? Habe ich nicht gemerkt.

Hast du geschlafen?

Nein, ich habe meine Beinchen und Arme gezählt, das war schwierig.

Und dann war da so ein dunkles Wesen über mir, da habe ich Angst bekommen.

Ach, das war nur Wuschel.

Wer ist Wuschel?

Eine Katze. Sehr lieb und völlig harmlos.

Wenn du das sagst ...

Aber sag mal, wie viel Beine und Arme hast du denn?

Dreizehnplötzlich.

Diese Zahl kenne ich nicht.

Hat neulich Mama zu Papa gesagt: „Nun schlägt es Dreizehn, jetzt aber plötzlich!"

Ob sie da nicht etwas ganz anderes gemeint hat?

Glaub ich nicht, Mama meint immer, was sie sagt. Sie sagt ja auch, dass ich ein ganz tolles Babymäuschen bin. Stimmt das etwa auch nicht?

Doch, doch, das stimmt.

Siehste.

Ich siehste.

Aber jetzt habe ich keine Zeit mehr zum Plaudern, Oma, wir fahren.

Ja, von Wuppertal nach Hause.

Woher weißt du das denn nun schon wieder?

Tja, bin halt eine schlaue Oma. Und nun gehe ich schlafen, Weihnachten macht mich immer so müde. Gute Nacht, Babymäuschen.

Gute Nacht, du schlaue Oma.

25. Dezember

Hallo Babymäuschen.

Hallo.

Ist alles klar bei dir?

Ach, frag nicht!

Wieso?

Dieses Weihnachten ... wir sind immer noch bei der anderen Oma. Was ist eigentlich Gulaschsuppe?

Na, du trinkst doch schon mal von deinem Wasser.

Ja.

Und Gulaschsuppe ist Wasser, das sehr scharf schmeckt.

Oh nein! Und so was trinkt Mama?

Besser gesagt, sie isst die Suppe.

Scharfes Wasser essen?

Irgendwie ja.

Bist du sicher?

Schon.

Gut, dann esse ich mein Wasser.

Das geht nicht.

Hast du aber gesagt.

Nun, du hast keinen Löffel.

Hat Mama einen Löffel?

Ja.

Dann will ich auch einen haben!

Kriegst du, aber er erst, wenn du geboren und nicht mehr so klein bist.

Dann schlaf ich bis dahin, bin müde, Weihnachten ist echt anstrengend, dauernd schleppt mich Mama irgendwo hin.

26. Dezember

Hallo Babymäuschen.
Hallo Oma, seufz.
Was ist denn los?
Ich glaube, meine Ohren sind kaputt.
Wie das?
Gestern war es so laut. Ich habe Mama getreten, damit wir gehen.
Und? Hat das was genützt?
Nein, wir sind dageblieben, aber irgendwie war es dann besser.
Deine Mama hat mir gesagt, dass sie ein Kissen auf ihren Bauch gelegt hat, damit du nicht so viel von dem Lärm hörst.
Das war aber echt nett von ihr.
Finde ich auch.
Eine prima Mama habe ich da.
Trotzdem …
Was denn trotzdem?
Meine Ohren werden wohl kaputt sein. Was mache ich jetzt?
Hm …
Waren deine Ohren schon einmal kaputt?
Eigentlich nicht.

Kannst du mir trotzdem helfen? Stell dir vor, wenn ich geboren werde und das mit den kaputten Ohren ...
Das wäre schrecklich.
Also?
Ich schlage vor, wie testen deine Ohren, um zu sehen, was nicht mehr funktioniert.
Gut.
Fang an.
Also, ich sage etwas ganz leise und du wiederholst, was du gehört hast, ja?
Ja.
Ich fange jetzt an: Weihnachten ist schön.
Hast du verstanden?
Nein ...
Papa ist lieb.
Na?
Nix!
Draußen ist es dunkel.
Und?
Wieder nix.
Babymäuschen ist doof.
Hey, das habe ich gehört!
Na prima, dann kannst du doch noch hören.
Pöh!
Dumme Oma.
Ach komm ...
Pöhhh ...
Na gut, besser beleidigt als taub.

Pöh, pöh, pöh!
Ich geh schlafen. Gute Nacht, mein Babymäuschen mit ganzen Ohren.
Pöh, gute Nacht, du dumme Oma.

27. Dezember

Hallo Babymäuschen.
Hallo Oma.
Nun ist Weihnachten vorbei und du hast mehr Ruhe.
Ja, zum Glück.
Und heute hat es geschneit.
Ich weiß, der ganze Garten ist blau.
Weiß!
Nein, blau!
Aber Babymäuschen, Schnee ist doch weiß.
Wenn ich es dir sage, blau! Blau! Blau!
Wie kommst du denn darauf?
Hat dieser ein-Papa gesagt.
Papa hat gesagt, dass der Garten blau ist?
Ja.
Ich glaube, deine Ohren sind doch kaputt ...
Ich habe es genau gehört.
Was hast du denn genau gehört?
Ein-Papa sagte ... ich weiß es nicht mehr.
Bist du dabei eingeschlafen?
Kann sein ...
Dann hast du sicher geträumt.
Was ist das?

Das ist ein Erleben, wenn man schläft. Fühlt sich aber in diesem Moment real an.

Was ist real?

Echt.

Ist Schlafen nicht echt?

Doch, aber Träumen ist nicht real.

Wieso?

Sind nur Trugbilder. Man wird wach und weiß, alles ist nur ein Traum.

Und der Garten ist weiß und nicht blau.

Genauso.

Kann sein ...

... oder auch nicht.

Er ist weiß, ich habe ein Foto gesehen, das deine Mama mir geschickt hat. Babymäuschen, du hast geträumt.

Na gut, kein blauer Garten.

Kein blauer Garten.

Ich versuche es noch mal, ich schlafe jetzt ein und schaue mal, was ich sehe.

Mach das, Babymäuschen, gute Nacht.

Gute Nacht, Oma.

28. Dezember

Hallo Babymäuschen.

Hallo.

Wie war es heute bei euch?

Laaangweilig ...

Ach nee, in den letzten Tagen war es dir zu viel Trubel und nun ist dir langweilig …

Tja, ich wäre heute gerne unterwegs gewesen und erst wollte Mama raus.

Und?

Aber Ein-Papa nicht. Dann wollte ein-Papa, aber Mama nicht mehr.

Wie ging es weiter?

Später wollte Mama und ein-Papa aber ich nicht. Da habe gestrampelt und getreten, bis Mama sagte: „Es reicht!"

Ja?

Dann hat es gereicht.

Und ihr seid zuhause geblieben?

Ja, wir sind dann ein wenig durch den Garten spaziert, du, das war schön! Dieser blaue Schnee ist so weich, es hat ganz sanft geschaukelt, als Mama dadurch ging.

Ahem, der weiße Schnee, Babymäuschen.

Ich weiß nicht, keine Ahnung.

Aha, du bist wieder eingeschlafen.

Was soll ich machen? Wenn es so schaukelt schlafe ich eben ein.

Ist ja auch in Ordnung so. Bist du jetzt auch wieder müde?

Und wie! Mama und ich sind in der Küche und kochen, da geht es wieder hin und her mit meinem Wasser.

Dann schlaf mal schön, gute Nacht, Babymäuschen.

29. Dezember

Hallo Babymäuschen.
Hallo.
Deine Mama hat dich heute wieder messen lassen.
Bin ich groß genug?
Es ist auf jeden Fall alles in Ordnung mit dir, heißt es.
Ein Glück!
Und du bist ein süßer Fratz, sagt sie, denn sie hat Fotos von dir machen lassen.
Das habe ich gemerkt, da war so ein komisches Ding über mir. Was ist denn ein Fratz?
Ein Kind. Du bist also hübsch.
Und das ist?
Nun, du hast ein hübsches Gesicht.
Du meinst meine Ohren und meine Nase?
Ja, irgendwie schon …
Meine Ohren sind hübsch, aha, ist das wichtig?
Eigentlich nicht.
Bist du hübsch?
Nö.
Mama denn?
Oh ja, sie ist sehr hübsch.
Und ein-Papa?
Ist ein gut aussehender Mann.
Bist du sicher?
Klar.

Alle sind hübsch, nur du nicht, das solltest du mal was ändern.

Meinst du?

Sicher.

Gut, dann versuche ich es mal. Wie macht man das denn?

Woher soll ich das wissen?

Weil du hübsch bist. Also, wie machst du das?

Du stellst Fragen, Oma, die kann kein Babymäuschen beantworten.

Gut, dann höre ich auf.

Das ist auch gut so, ich bin sehr müde und muss jetzt schlafen.

Ich auch. Gute Nacht.

Gute Nacht, Oma, bis morgen.

30. Dezember

Hallo Babymäuschen.

Hallo. Du sag mal, was ist für ein Krachen und Knallen? Mama macht so etwas nicht und ein-Papa auch nicht.

Das sind schon die ersten Silvesterböller.

Und was ist das?

Feuerwerk zum Jahreswechsel. In der nächsten Nacht um 12 Uhr beginnt dein Geburtsjahr.

Wirklich? Ist das jetzt gut oder schlecht?

Gut, Babymäuschen, das heißt, dass du bald geboren wirst.

Und deshalb gibt es ein Feuerwerk? Ist ja toll.

Nein, das Feuerwerk gibt es zum Jahreswechsel, das ist immer so.

Ach so ... aber warum knallt das so laut, das einem Babymäuschen die Ohren wehtun?

Tja, das ist wohl so, damit es auch jeder hört. Ich kann dabei auch nicht schlafen.

Und was machst du dann?

Mir das Feuerwerk mit Opa zusammen anschauen und warten, bis es vorbei ist.

Dann mache ich das auch. Kann ich zu euch kommen?

Klar, aber Mama wollte in diesem Jahr gemütlich zu Hause bleiben.

Na, auch gut, dann komme ich zum nächsten Feuerwerk, ja?

Abgemacht. Und jetzt schlafen wir ein wenig vor. Gute Nacht, Babymäuschen.

Gute Nacht, Oma.

31. Dezember

Hallo Babymäuschen, bist du noch wach?

gähn, hab schon geschlafen.

Heute ist der letzte Tag im Jahr ...

Kann sein ...

In vier Stunden beginnt dein Geburtsjahr.

Kann sein ...

Hat für dich noch keine Bedeutung, aber später wirst du immer wieder nach deinem Geburtstag gefragt. Ich wette, es wird der 3.4. und natürlich 2015.

Meinst du? Frag besser mal Mama.

Hab ich schon, sie meint, du kämst Ende März.
Was ist denn besser?
Ach, ist alles gut.
Na dann ... ach, mich stört die Knallerei draußen.
Die wird aber bald noch doller.
Wie bitte?
Ja, um Mitternacht, da geht es richtig los.
Bloß nicht, ich finde es jetzt schon laut genug.
Dann schlaf doch einfach wieder ein.
Das mache ich, bis morgen, Oma, tschüss.

1. Januar 2015

Ein frohes Neues Jahr, mein Babymäuschen.
Oh, ist es schon soweit?
Schon lange, hast du geschlafen?
Ich weiß nicht ...
Hast du die Knallerei gehört?
Ich weiß nicht ...
Dann hast du geschlafen.
Wir waren auf der Couch, Mama, ein-Papa und ich. Das war sooo gemütlich.
Und dann?
Weiß ich nicht so genau, ein-Papa sagte: „Schläfst du schon?"
Zu wem sagte er das?
Ich weiß nicht ...
Also viel weißt du heute Abend nicht, mein Babymäuschen.

Ich bin doch auch gerade erst aufgewacht.
Dann hast du den ganzen Tag geschlafen.
Oh je ...
Ach, du, das machen an Neujahr die meisten Leute.
Du auch?
Nein, ich habe die ganze Nacht geschlafen. Aber jetzt bin ich müde.
Und da musst du noch schreiben, arme Oma.
So schlimm ist das auch nicht, ich rede gern mit dir.
Ich mit dir auch, Oma.
Das machen wir später auch, ja?
Ja! Und Memory spielen.
Dann gute Nacht, Babymäuschen.
Gute Nacht.

2. Januar

Hallo, Babymäuschen *stöhn und seufz*
*Hallo Oma *stöhn und seufz**
Das war ein Stress heute ...
Bei dir auch?
Bei dir auch?
Ja, und wie, habe keine Ruhe gehabt, Mama hat mich durch die Gegend geschleppt, ich kann dir sagen ...
Einkaufen, Besuche machen und so.
Woher weißt du?
Weil es bei mir genauso war.
Hat deine Mama dich auch durch die Gegend geschleppt?

Nein, dazu ist sie zu alt, aber ich war bei ihr und dann auch noch bei deiner anderen Uroma und einkaufen.

Liebe Zeit ...

Sag ich ja.

Bei wem war es denn nun schlimmer?

Weiß nicht.

Ich denke bei mir, weil ich jünger bin.

Und ich denke bei mir, weil ich älter bin.

Wir sollten jemanden fragen. Ich frage meine Mama, die weiß alles.

Dann frage ich meine, die weiß auch alles.

Wieso?

Weil sie meine Mama ist. Wenn deine alles weiß, weil sie deine Mama ist, dann weiß meine alles, weil sie meine ist.

Hm ...

Stimmt's nicht?

Maaama! Hilfe!

Ganz ruhig, teilen wir.

Und wie geht das?

Halbieren, dann war es bei jedem nur halb so schlimm.

Hört sich gut an, Oma.

Nicht wahr? Also abgemacht.

Abgemacht!

Und jetzt wird rasch geschlafen, damit wir beide morgen wieder fit sind. Wer weiß, was morgen unsere Mamas mit uns anstellen.

Also gute Nacht, Oma.
Gute Nacht, Babymäuschen.

3. Januar

Hallo Babymäuschen.
Hallo Oma.
Bist du wieder gewachsen?
Und wie! Mamas Bauch passt nicht mehr in ihre Hose. Deshalb waren wir heute shoppen und ich habe auch viel bekommen.
Was denn alles?
Höschen, Lätzchen zum Schlabbern, wenn ich was esse, eine kleine Wolldecke und eine Spieluhr mit Licht. Was ist eine Spieluhr?
Wie der Name sagt, eine Uhr, die spielt, in diesem Fall Musik. Sie wird über dein Bett gehängt und mit der Musik kannst du gut einschlafen.
Ach, ich kann auch so prima schlafen. Was ist eine Wolldecke?
Etwas Kuscheliges zum Zudecken, wenn du in deinem Bettchen liegst.
Brauche ich auch nicht, ich habe ja Mama.
Meinst du? Wenn du geboren bist, wirst du schon in deinem Bettchen liegen und dann brauchst du eine Decke. Vielleicht ist sie ja auch für deinen Kinderwagen.
Muss ich da rein?
Klar. Deine Mama kann dich nicht die ganze Zeit tragen.
Wieso denn nicht? Macht sie jetzt doch auch.

Tja, wenn du aufhören würdest zu wachsen, könnte man da vielleicht drüber nachdenken.

Geht nicht, kann ich nicht mit aufhören – und ein-Papa sagt immer, dass ich ein großer Junge werden soll.

Du hörst also auf deinen Papa?

Nun ja, manchmal schon.

Und wieso das auf einmal?

Weil ein-Papa auch ein Junge ist, so wie ich, glaub ich ...

Und Jungs halten zusammen, nicht wahr?

Das sagt ein-Papa.

Na dann ...

Und wenn ich viel wachse, dann muss ich auch viel schlafen.

Verstehe ...

Gute Nacht, Oma.

Gute Nacht, mein Babymäuschen.

4. Januar

Hallo Babymäuschen.

Hallo Oma, es war schön heute bei dir.

Du weißt, dass du heute mit Mama bei mir und Opa warst?

Ach, eigentlich nicht, aber Mama sagte zu mir: „Schätzchen, jetzt fahren zur Oma, da ist es schön." Also ist es schön bei dir ... weil Mama das sagt.

Und Mama hat Recht, weil sie deine Mama ist.

Ja!

Sie hatte Bilder von dir dabei, ich habe dein Gesicht gesehen.

Ja? Hast du meine Ohren gesehen und sie gezählt? Ich bin mir immer noch nicht sicher.

Du hast zwei Stück, auf jeder Seite des Kopfes eines, und auch zwei Augen, aber nur eine Nase.

Ist das nicht ein bisschen wenig?

Was denn?

Nur eine Nase zu haben? Wie viele hast du denn?

Ich habe auch nur eine Nase.

Du arme Oma! Ob Mama dafür sorgen kann, dass wir beide noch eine kriegen?

Nee, du, das kann sie wirklich nicht. Und was willst du denn mit zwei Nasen?

Das weiß ich doch auch nicht. Weißt du das nicht?

Nein, ich glaube nicht, dass man damit doppelt so gut riechen kann.

Dann lassen wir es. Aber hoffentlich ist Mama nicht enttäuscht, wenn ich mit nur einer Nase geboren werde.

Glaub ich nicht.

Das wäre gut und außerdem habe ich ja eine Million Fingerchen.

Das glaubst nur du. Aber lassen wir das jetzt.

Na gut, ich habe auch keine Zeit mehr, ein-Papa will mit mir sprechen.

Dann sage ich schon mal gute Nacht, mein Babymäuschen.

Gute Nacht, Oma, bis morgen.

5. Januar

Hallo Babymäuschen.

Hallo.

Wie war es heute?

Ganz gut, ich versuche, zu wachsen, aber dabei wird nur mein Bäuchlein dicker.

Ist doch gut.

Meinst du?

Klar! Manchmal wachsen Babymäuschen in die Länge und mal in die Breite – zurzeit wächst du in die Breite.

Ach so, dann ist es ja gut.

Hast du dir Sorgen gemacht?

Nö, ich finde mein Bäuchlein ganz hübsch.

Ist es sicher auch.

Ist deines auch hübsch?

War es mal, heute nicht mehr.

Vielleicht ist es nicht dick genug?

Kann sein.

Mamas Bauch ist auch ziemlich dick geworden, sagt sie. Sieht sicher total hübsch aus.

Ja, habe ich gesehen, sieht toll aus.

Ich glaube, auch meine Beinchen sind dicker geworden, was sagst du dazu?

Genau richtig so.

*Dann mach ich mal weiter *blubberblubberblubber**

Ach, es wird wieder geblubbert, da will ich nicht stören. Bis morgen, Babymäuschen.

Bis morgen, Oma.

6. Januar morgens 10 Uhr

Hallo Babymäuschen.

Hallo Oma. Mama und ich sind in der Bank und arbeiten. Wir haben viel zu tun und ich helfe ihr ganz doll.

Was machst du denn?

Wenn Mama nicht weiß, wo sie die Zahlen hinschreiben soll, dann strampele ich mit dem linken Beinchen, wenn sie die Zahlen nach links und mit dem rechten Beinchen, wenn sie rechts gehören. Mama sagt, dass sie sehr froh ist, dass ich bei ihr bin. Ob ich auch mal Mathematiker werde wie sie?

Wenn ich da an die eine Million Fingerchen denke, die du meinst zu haben, habe ich meine Zweifel ...

Ob ich doch Anwalt werde wie ein-Papa?

Vielleicht wirst du weder wie Mama oder Papa, sondern einfach wie du, Babymäuschen?

Und wie ist das?

Ein lieber, ganz netter, sehr schlauer kleiner Kerl, so stelle ich mir dich vor.

Und wie bist du?

Frag Mama oder Opa.

Mach ich. Jetzt muss ich aber wieder Mama helfen, sie hat gerade geseufzt, das ist mein Einsatz. Strampele ich jetzt mit dem linken oder rechten Beinchen? Mal überlegen ... ach, einfach mit beiden, dann kann Mama sich die Seite, wo die Zahlen hin müssen, aussuchen.

Du bist ein kluges Babymäuschen. Viel Spaß noch bei der Arbeit. Bis später, mein Schatz.

7. Januar morgens früh

Hallo Babymäuschen, schon auf?

Hallo Oma, ja, Mama und ich ziehen uns gerade an. Die Hose passt nicht mehr, jetzt probieren wir ein Kleid, aber ein-Papa meint, dass ich als Junge kein Kleid anziehen könnte. Stimmt das denn?

Nein, das stimmt nicht, allerdings würdest du später etwas auffallen. Jetzt, in Mamas Bauch, ist ein Kleid völlig okay. Papa macht nur Spaß.

Ein Glück, Mama passt nämlich nichts mehr. Ich habe mich ganz klein gemacht, aber das hat auch nichts genützt.

Dann ist ein Kleid sicher am besten, da habt ihr beide viel Platz. Geht es wieder in die Bank zur Arbeit?

Klar! Wir sind tüchtig, nicht wahr?

Total tüchtig und fleißig, klasse.

Na ja, ich helfe Mama ja auch ...

Eben!

Hast du auch so viel Hilfe wie Mama?

Beim Bücherschreiben nicht, aber sonst hilft mir Opa viel und auch Onkel Christian.

Uns hilft ein-Papa viel.

Dann erklären wir den heutigen Tag zum „Hilfe-Tag".

Prima. Jetzt muss ich aber los, sonst fährt Mama noch ohne mich.

Spaß?

*Klar *kicher**

Bis später, Babymäuschen.

Bis später, Oma.

abends

Hallo Babymäuschen, bist du noch wach?

Hallo Oma, ja, ich schlafe noch nicht.

Ich wollte fragen, ob du und Mama heute fleißig ward?

Ich weiß nicht ... eigentlich wollte ich Mama ja helfen, aber dann habe ich versucht, einen Purzelbaum zu machen und das war schwer. Wie kommt das denn?

Vielleicht, weil du größer geworden bist und weniger Platz hast.

Aber warum ist das denn so? Finde ich gar nicht gut.

Das ist so, weil du wächst.

Ja, klar, verstehe ich schon, aber warum um alles in der Welt wird mein Platz deshalb kleiner? Ich denke, Mamas Bauch wächst auch so dolle, ihr passt ja nichts mehr. Was stimmt da nicht?

Du wächst eben mehr als Mamas Bauch, das ist es.

Kann Mama das nicht ändern?

Nee ...

Und was soll ich jetzt machen? Drehen ist so schwer geworden ...

Nix, du kannst nichts machen außer weiter wachsen.

Meinst du?

Ja.

Gut, ich verlasse mich darauf.

Kannst du auch, ich kenne mich da aus.

Weil du auch mal ein Babymäuschen warst?

hust unter anderem, ja. Und jetzt mach dir keine Sorgen mehr, das wird schon alles. Ich wünsche dir eine gute Nacht, schlaf schön, mein Babymäuschen.
Gute Nacht, Oma.

8. Januar

Hallo Babymäuschen.
Hallo Oma.
Wieder fleißig gewesen heute?
Nö, Mama hatte heute frei und ich auch. Wir haben auf der Couch gesessen und gegessen, das war richtig schön.
Nicht langweilig?
Nein, ich hatte genug damit zu tun, meine Fingerchen zu zählen.
Ja, ich weiß, bis eine Million zu zählen dauert seine Zeit.
Du bist nur neidisch, weil du nicht so viele hast. Was ist ‚neidisch'?
Etwas einem anderen nicht gönnen. Wie kommst du denn darauf?
Hab ich gehört.
Hat Mama das gesagt?
Nein, da waren ganz viele Stimmen und Musik und so.
Ach, Mama hatte sicher den Fernseher laufen.
Was ist das?
Was Lustiges, mit bunten Bildern und so.

Ich finde es etwas laut, jedenfalls konnte ich nicht richtig zählen, bin nur bis Dreizehntassensuppefertig gekommen.

Dreizehntassensuppefertig? Diese Zahl habe ich noch nie gehört. Hat Mama sich eine Suppe gemacht?

Ja, wie bist du darauf gekommen?

Tja, bin halt schlau.

Dann zähl du doch meine Fingerchen.

Nicht mehr wetten? Ich brauche nicht zu zählen, ich weiß genau, dass du zehn Fingerchen hast.

Woher weißt du das denn nun schon wieder?

Babymäuschen, irgendwie bist du heute Abend nicht auf Zack.

Vielleicht hat Mama zu viel Suppe gegessen.

Hm, ob Suppe so eine Auswirkung haben kann? Denken wir morgen darüber nach, ja? Jetzt schlafen angesagt. Gute Nacht, mein Babymäuschen.

Gute Nacht, Oma.

9. Januar morgens ganz früh

Hallo Babymäuschen, schon wach?

zzzzzzz

Schläft noch …

Huhu Oma, bin doch wach!

Wie schön. Hast du den Sturm gehört, der diese Nacht draußen gewütet hat?

Und wie! Mama und ich haben am Fenster gestanden und zugeschaut.

Und danach habe ich so herumgestrampelt, dass Mama nicht mehr schlafen konnte. Jetzt sind wir müde ...

Vielleicht schlaft ihr gleich noch etwas.

Glaube ich nicht, wir wollen heute Morgen einen Besuch machen.

Dann viel Spaß, aber seid vorsichtig, der Sturm geht heute weiter.

Gut, bis später, Oma.

Bis später, Babymäuschen.

abends

Hallo Babymäuschen.

Hallo Oma.

Wie war dein Tag?

Gut! Mama hatte aber wenig Zeit und da habe ich geübt.

Was denn? Am Daumen lutschen?

Ach, das kann ich doch schon lange. Nein, ich habe mit meinen Guckelies geübt.

Was sind denn Guckelies?

Na, die beiden Dinger über der Nase und ich meine nicht die Ohren.

Du meinst die Augen?

Nein, die Guckelies.

Hm ... was hast du denn da genau geübt?

Das Auf- und Zuklappen.

Stimmt, das geht mit den Ohren nicht.

Und was passiert beim Auf- und Zuklappen?

Dann wird es heller und dunkler.
Also sind es doch die Augen.
Nein, die Guckelies.
Babymäuschen! Die Guckelies nennt man Augen.
Nö, glaub ich nicht.
Wirst du schon sehen, wenn du geboren bist.
Ich nicht, aber meine Guckelies.
Da ist jetzt ein Knoten drin …
Egal, ich muss jetzt eh schlafen, Mama hat das Licht ausgemacht.
Dann kannst du schon richtig gut sehen. Gute Nacht, Babymäuschen, schlafe schön.
Gute Nacht, Oma.

10. Januar

Hallo Babymäuschen.
Hallo Oma, ich warte schon den ganzen Tag auf dich.
Oh, warum denn?
Letzte Nacht war etwas komisch und ich verstehe das nicht – vielleicht habe ich auch nur zu wenig geübt.
Und das wäre?
Also, Mama wurde wach und ich auch. Mama schlief dann wieder ein, aber ich nicht. Weil ich schon mal wach war, habe ich geübt, meine Guckelies
Deine Augen!
Ist doch ganz egal, jedenfalls habe ich geübt, sie auf- und zu zumachen. Ja, und ich habe nichts gesehen.
Wie meinst du das?

Als ich am Tage vorher geübt habe, da habe ich etwas Helles gesehen, wenn ich die Augen aufmachte und es war dunkel, wenn ich sie zumachte.

Und letzte Nacht? Was war da?

Alles dunkel, ob Guckelies auf oder zu. Was sagst du dazu? Muss ich noch mehr üben?

Nein, musst du nicht. Sieh mal, in der Nacht ist es immer dunkel, du kannst also gar nichts sehen, selbst wenn du deine Augen aufhast.

Warum ist es nachts dunkel?

Weil dann die Sonne nicht scheint. Die scheint nur am Tage.

Die Sonne ist meine Mama, oder?

Auch, aber ebenfalls der Stern, den wir ganz nah am Himmel sehen.

Also sind meine Guckelies in Ordnung?

Ja.

Ich probiere es gleich mal aus. Scheint gerade die Sonne?

Nein.

Gut, also Guckelies auf. Oh, ich sehe etwas Helles!

Ach, Babymäuschen, dann haben Mama und Papa eine Lampe an.

Wirklich? Mensch, ist das schwierig. Hoffentlich verstehe ich das noch.

Ach, bestimmt.

Gute Nacht, Oma, ich übe trotzdem diese Nacht noch ein wenig.

Mach das, Babymäuschen, aber schlafe auch noch, ja?

Ja, mach ich.
Dann gute Nacht.

11. Januar

Hallo Babymäuschen.
Hallo Oma.
Was hast du heute gemacht?
Geübt, geübt, geübt. Mama, ein-Papa und ich waren gemütlich zu Hause und da hatte ich viel Zeit dazu. Ein-Papa hat auch geübt.
Hat dein Papa auch das Auf- und Zumachen seiner Augen geübt?
Ja, ein-Papa hat gedoktort, sagte Mama. Was ist das? Das ist doch üben, oder?
Ich weiß nicht, ob man das vergleichen kann. Dein Papa hat etwas geschrieben, oder?
Das weiß ich nicht, ich weiß ja gar nicht, was schreiben ist – aber kann schon sein ... muss ich das später auch machen?
Das kommt darauf an.
Worauf denn?
Auf das, was du später mal arbeiten wirst.
Ich werde doch Mathematiker wie Mama.
Dann doktorst du auch mal.
Aha, ob ich das kann?
Och sicher.
Hast du auch gedoktort?
Ich? Nein.
Dann will ich auch nicht.

Ach komm, Babymäuschen, entscheide das nicht als Ungeborener.

Gut, dann später, habe jetzt auch gar keine Lust dazu. Ich habe etwas Neues entdeckt.

Und was?

Das Luftholen.

Wie soll das gehen, wo du doch unter Wasser bist?

Ich übe das Atmen – sagt jedenfalls Mama und die muss es doch wissen.

Ach ja, du übst das nur.

Ja, damit ich es kann, wenn ich auf die Welt komme. Du, ich habe ja zu tun und zu üben, du glaubst es nicht …

Und ich dachte, ich hätte viel zu tun …

Kannst du schon atmen?

Doch, schon lange.

Ist das schwer?

Nö.

Dann lerne ich das auch noch, wie das Doktorn.

So gefällst du mir, Babymäuschen.

Du mir auch, Oma.

Gute Nacht, Babymäuschen, bis morgen.

Gute Nacht, Oma.

12. Januar nachmittags

Hallo Babymäuschen, was machst du gerade?

Hallo Oma, ich drehe mein Köpfen hin und her. Da ist auf einer Seite etwas Helles und auf der anderen Seite nicht. Komisch, nicht?

Eigentlich nicht, heute ist ein sehr dunkler Tag und da hat deine Mama sicher eine Lampe an und das Licht davon siehst du.

Ich finde das sehr spannend, muss ja draußen irre aufregend sein. Wann werde ich denn geboren?

Am 2. April wahrscheinlich.

Ist das noch lange?

Nein, etwa zwölf Wochen, vielleicht etwas weniger.

Was muss ich denn noch üben? Ich kann sehen und hören, am Daumen lutschen, sogar atmen. Ach ja, schlucken kann ich auch. Gestern Abend hatte ich einen Schluckauf, das war gar nicht lustig.

Ach, den habe ich auch manchmal, meistens dann, wenn ich etwas Kaltes gegessen oder getrunken habe.

Ich trinke nur mein Wasser und das ist immer warm. Dummer Schluckauf, woher kommt der denn bei mir?

Das kommt daher, dass du so viel atmen und schlucken übst – bist wirklich sehr fleißig.

Dann mache ich das richtig, ja?

Auf jeden Fall, weiter so, mein Babymäuschen.

Gut, Mama ist ja so tüchtig und kann alles, ich will so werden wie sie.

Da hast du dir viel vorgenommen.

Wenn das zu viel ist, will ich so werden wie du, Oma.

Beruhigend zu wissen …

Ich übe jetzt mal weiter, sonst komme ich noch zur Welt und kann das alles nicht richtig.

Dann mal los, mein Kleiner. Bis später mal.

Bis später.

13. Januar

Hallo Babymäuschen.
Hallo Oma.
Wie war dein Tag?
Bestens!
Ja? Erzähl mal.
Mama und mir geht es gut, wir haben viel Spaß, auch wenn unser Bauch immer dicker wird.
Euer Bauch?
Ja, mein Bäuchlein auch, du wirst staunen, wenn du es siehst. Ich werde richtig dick, so wie Mama ... glaub ich.
Ich glaube das nicht, aber kräftiger wirst du schon.
Vielleicht passe ich auch in keine Hose, wenn ich geboren bin, was meinst du?
Mach dir mal keine Sorge, bei dir läuft das anders ab als zurzeit bei deiner Mama.
Wie denn?
Du wirst ganz schnell aus allen Sachen herauswachsen, denn du wirst immer größer werden.
Vielleicht wird Mama ja auch immer größer ...
Nö, die bleibt bei ihren 1,65 m.
Weißt du das genau?
Ja.
Da bin ich mal gespannt.
Kannst ja deine Mama nachmessen.
Das werde ich machen und dann werden wir sehen.
Weißt du eigentlich, dass du auf dem Kopf liegst?
Echt jetzt?

Ja, dein Kopf ist unten und deine Beine sind oben.
Und wie ist es bei dir?
Genau umgekehrt.
Du meine Güte ... soll ich mich drehen?
Besser nicht, für die Geburt liegst du genau richtig.
Etwas verwirrend, aber wenn du das sagst, dann bleibe ich mal so. Und wenn ich geboren bin, dann ...
... sind deine Beinchen unten und dein Kopf oben, sonst könntest du nicht laufen.
Ich pauke mir das ein. Puh, habe ich viel zu lernen.
Schaffst du schon!
gähn hoffentlich, die viele Lernerei und Überei macht aber sooo müde.
Dann schlaf mal schön, gute Nacht, Babymäuschen.
Gute Nacht, Oma.

14. Januar

Hallo Babymäuschen, was machst du so?
Hallo Oma, ich werde dicker, immer dicker! Du solltest mal meine Beinchen sehen.
Das klingt doch gut, schließlich ist es nicht mehr so lange hin, bis du auf die Welt kommst.
Werde ich noch größer und dicker?
Klar.
Dann habe ich bald keinen Platz mehr hier, mein Wasser schrumpft und ich glaube, Mamas Bauch schrumpft auch.
Das ist aber nicht so.

Wenn ich es dir doch sage. Ich hatte vorher so viel Platz und jetzt ...

Das liegt aber nicht daran, dass der Bauch deiner Mama kleiner wird, sondern du größer.

Ich weiß nicht und woher willst du das denn wissen?

Weil ich Augen im Kopf habe.

Ha, die habe ich auch. Und schließlich bin ich hier drin und nicht du und von daher kann ich das viel besser beurteilen als du.

Oh, das klingt ja richtig kriegerisch und gereizt ...

Sind wir gar nicht!

Mama auch?

Nein, nur ich – aber Mama auch.

Was denn jetzt?

Pöhhh. Du bist ja doof.

Weißt du, was bei Gereiztheit in der Schwangerschaft hilft?

Nö.

Verwöhnt werden und eine Überraschung. Ich denke, ich werde in einen Spielwarenladen gehen und ein Rässelchen für dich kaufen.

Au ja!

Dann mache ich das morgen.

Hurra! Da freue ich mich.

Ich mich auch. Ich werde ein wunderschönes für dich aussuchen und hübsch verpacken.

Du bist eine ganz liebe Oma.

Nicht mehr doof?

Nö. Lieb.

Tja ... dann sag ich dir mal gute Nacht. Schlaf schön, mein kleiner Reizling.

Gute Nacht, Oma, und vergiss mein Rässelchen nicht.

15. Januar

Hallo Oma, endlich! Ich warte schon den ganzen Tag auf dich. Hast du mein Rässelchen? Wie sieht es aus? Kannst du mal damit rasseln?

Hallo Babymäuschen. Ja, ich hab es hier, jetzt hör mal: *rasselrasselrassel*

Klingt das nicht gut?

Juchhu! Ganz toll. Nun sag schon, wie sieht es aus? Darf ich auch mal rasseln?

Es sieht wunderschön aus, blau mit goldenen Sternchen drauf. Rasseln darfst du, natürlich, hier bitte.

*Danke *rasselrasselrassel**

Prima machst du das.

Bin ja auch schon groß.

Das merkt man.

Vielen Dank, meine liebe Oma.

Bitte, gern geschehen, mein liebes Babymäuschen.

rasselrasselrassel

rasselrasselrassel

rasselrasselrassel

Uiii, jetzt muss ich mir ja bald die Ohren zuhalten.

rasselrasselrassel

rasselrasselrassel

rasselrasselrassel

Hilfe!

rasselrasselrassel
rasselrasselrassel
rasselrasselrassel
Ist gut jetzt!
rasselrasselrassel
rasselrasselrassel
rasselrasselrassel
Ruhe!!!
rasselrasselrassel
rasselrasselrassel
rasselrasselrassel
Hey!
Das kommt davon.
Hast mir einfach mein schönes Rässelchen weggenommen ...
Jetzt ist wieder Ruhe, ein Glück.
Was passiert jetzt mit meinem Rässelchen?
Das lege ich weg und du bekommst es erst wieder, wenn du alt genug bist.
Wie alt wäre das denn?
Na, so zwei oder drei Monate alt.
Puh ... das dauert aber noch.
Bis dahin habe ich meine Ruhe.
Ich aber auch. Ich schlafe jetzt, Oma, gute Nacht.
Gute Nacht, Babymäuschen.

16. Januar

Hallo Babymäuschen.

Hallo Oma. Mama und mir ist sooo langweilig.

Wie kommt's?

Dieser Ein-Papa ist das ganze Wochenende auf einem Seminar und Mama und ich mopsen uns. Was ist mopsen?

Langweilen. Das ist ja nicht so schön. Habt ihr nichts zu tun?

Doch, Kuchen backen für morgen, du und Opa kommen ja.

Ja, wir vertreiben euch ein wenig die Zeit.

Wie geht das denn?

Auf dem Sofa sitzen und reden, Kaffee trinken und Kuchen essen, Neuigkeiten austauschen.

Ach so, na, das machen wir doch den ganzen Tag, allerdings mit dem Telefon.

Bei euch steppt ja wirklich der Bär.

Ja, weil mein Bäuchlein so dick geworden ist ... oder Mamas, das weiß ich nicht genau.

Egal, euch ist langweilig und dagegen muss etwas getan werden.

Und was?

Strampelhöschen zählen, zum Beispiel.

Das ist auch langweilig.

Was spielen?

Au ja!

Wie wäre es mit Verstecken spielen?

Jaaa, ich verstecke mich in Mamas Bauch und du musst mich finden.

Oh, das wird aber schwer.

Du findest mich nie.

Doch, spätestens, wenn du geboren wirst.

Das gilt aber nicht.

Dann versteck ich mich jetzt mal.

Ach, Oma, du versteckst dich doch immer in deinem Garten unterm Wein, das weiß doch jeder!

Echt? Oh …

Denk dir lieber mal was Neues aus.

Du auch! In Mamas Bauch findet dich auch jeder.

Oh …

Gehen wir lieber mal schlafen, vielleicht fallen uns morgen andere Verstecke ein.

Ja, Oma, gute Nacht.

Gute Nacht, Babymäuschen.

17. Januar

Hallo Babymäuschen.

Hallo Oma, war schön heute.

Ja, fand ich auch. Aber hast du gehört, was deine Mama gesagt hat?

Weiß nicht, hab ja viel geschlafen.

Sie sagte, dass ihr Bauch schief sei, weil du so viel auf der rechten Seite von ihr liegst.

Ach, du Schreck! Ist sie böse auf mich?

Aber nein. Sie hat es nur angesprochen.

Was soll ich jetzt machen? Mich umdrehen?

Das könntest du einmal versuchen, aber nur von rechts nach links.

Moment!

So, jetzt frag sie mal, ob es so besser ist.

Ich bin doch schon wieder zuhause und mag sie nicht stören.

Dann drehe ich mich wieder zurück und probiere es morgen früh noch einmal.

Mach das. Gute Nacht, Babymäuschen.

Gute Nacht, Oma.

18. Januar

Hallo Babymäuschen. Wie geht es dir?

Hallo Oma. Mir geht es gut, aber sag mal, wie lange dauert es noch, bis ich zur Welt komme?

Hast du es eilig?

Nein, von mir aus kann alles so bleiben wie es ist.

Warum fragst du dann?

Weil Mama und ein-Papa dauernd davon reden, da macht man sich als Babymäuschen so seine Gedanken.

Und was für Gedanken?

Wie das so ist. Weißt du das?

Ja.

Dann sag mal, ob ich Mama wohl gefallen werde?

Bestimmt.

blubber-blubber-blubber ich beeile mich besser noch mit Wachsen, sicher ist sicher.

Du tust schon, was du kannst.

Ich bin etwas nervös, weißt du ...

Babymäuschen, das sind wir alle, aber es wird schon alles gut werden.

Und was ist, wenn Mama mich anschaut, und ich gefalle ihr nicht? Gibt sie mich dann fort?

Aber Babymäuschen, das sind ja Monstergedanken! Vergiss sie und denke mal daran, wie schön es sein wird, in Mamas Armen zu liegen.

Mama ist aber auch nervös ...

Ihr beide denkt zu viel, Ablenkung wäre gut.

Meinst du? Na ja, morgen müssen wir wieder in die Bank.

Und arbeiten, gut so, dann vergesst ihr eure Befürchtungen. Ich bin sicher, es wird alles gut gehen und du wirst in deinen neuen Strampelhöschen hinreißend aussehen.

Danke, Oma, das beruhigt mich *zappelzappelzappel*

Scheint mir aber nicht so. Ich glaube, ich singe dir mal ein Schlaflied *singsingsing*

zzzzzzz

Uiii, hat gewirkt! Na dann, schlaf schön, mein zappeliges Babymäuschen.

zzzzzzz

Nacht, Oma.

zzzzzzz

19. Januar

Hallo Babymäuschen.
Hallo Oma.
Noch 73 Tage …
Und dann?
Kann ich dich in die Arme nehmen und knuddeln.
Oh, das hört sich toll an! Kann ich dich dann auch in die Arme nehmen?
Nein, aber später, wenn du größer bist.
Und die Mama? Kann ich die in die Arme nehmen?
Auch später.
Was kann ich dann machen?
Dich knuddeln lassen und lächeln.
Das übe ich jetzt mal. Wie geht lächeln?
Pass auf: Mach dein Mündchen breit und ziehe die Oberlippe nach oben.
Wo ist denn oben?
Hm, so wie du liegst, ist das wohl unten …
Wie?
Verstehe ich jetzt auch nicht so richtig.
Dann übe ich ‚lassen'. Wie geht das?
Still halten, nicht bewegen.
heul das kann ich nicht, ich habe so viel strampeln geübt, dass ich gar nicht anders kann.
Hm …
Aber schlafen kann ich doch üben, oder?
Auf jeden Fall, Babymäuschen.

Meinst du, Mama wäre froh, wenn ich gut schlafen könnte, wenn ich auf der Welt bin?
Oh ja!
Dann übe ich jetzt. Gute Nacht, Oma.
Gute Nacht, Babymäuschen, schlafe gut.

20. Januar

Hallo Babymäuschen. Was hast du heute so gemacht?
Hallo Oma, ich bin ganz doll gewachsen heute. Mama und ich waren in der Bank und Mama hatte den ganzen Tag sehr viel zu tun, da musste ich mich alleine beschäftigen und da bin ich halt viel gewachsen, schau mal!
Kann ich leider nicht sehen, aber toll gemacht.
Mama wird sich morgen wundern, wenn sie die einzige Hose anziehen will, die ihr noch passt – die passt nämlich nicht mehr.
Das wird schwierig ...
Ach wo, sie hat noch eine neue im Schrank hängen und ein weites Kleid, das würde uns auch gut stehen.
Denke ich auch. Hast du ihr heute also bei der Arbeit nicht helfen können?
Nein ...
Schade.
Vielleicht morgen, da sind wir wieder in der Bank.
Du hilfst deiner Mama gerne, nicht wahr?
Oh ja, das werde ich auch machen, wenn ich auf der Welt bin.
Prima. Bist ein lieber Junge.

Was ist ein lieber Junge?

Das sage ich dir besser nicht, sonst hörst du auf damit ...

Schade. Na, dann schlafe ich jetzt mal, damit ich noch mehr wachse.

Gute Nacht, mein liebes Babymäuschen.

21. Januar mittags

Hallo Babymäuschen.

Hallo Oma, machst du auch Mittagspause?

Ja, du auch?

Mama und ich sind beim Italiener, das ist ganz toll. Was ist ein Italiener?

Damit meint man ein Lokal, in dem man italienische Speisen bekommt. Ich mag das total gern und deine Mama auch, das weiß ich.

Mama hat Lasagne bestellt, was ist das?

Überbackene Nudeln in Fleisch-/Tomatensauce. Sehr lecker.

Das muss so sein, wir sind pappsatt. Was ist pappsatt?

Wenn das Bäuchlein voll ist mit leckerem Essen.

Ist mein Bäuchlein voll?

Nein, aber das deiner Mama.

Aha, dann bin ich nicht pappsatt.

Nö.

Später mal?

Genau! In ein paar Jahren wirst du sicher mal meine Lasagne essen.

Und dann pappsatt sein?

Ja.
Verstehe, aber jetzt habe ich keine Zeit mehr, wir gehen.
Mittagspause vorbei? Geht es wieder zurück in die Bank?
Sieht so aus.
Dann muss Mama noch weiter arbeiten.
Und ich helfe ihr.

22. Januar

Hallo Babymäuschen.
Hallo Oma, wo warst du denn?
Oh, hast du auf mich gewartet?
Ja, ich wollte so gerne mit dir reden.
Über etwas Besonderes?
Eigentlich nicht, mir war nur langweilig.
Aha, ich wette, deiner Mama war es auch langweilig.
*Genau! *gähn* ein stinklangweiliger Tag …*
Und mein Babymäuschen wusste nicht, was es machen sollte.
Oh doch! Ich habe viel zu tun: wachsen, dicker werden, atmen üben, trinken üben, am Daumen lutschen, die Augen auf und zu machen und sehen üben, hören üben, strampeln … ich bin völlig fertig.
Ja, du liebe Güte, du hast ja mehr zu tun als ein Bankmanager.
Das kannst du wohl sagen!
Und erst erzählst du, dass es dir langweilig ist.
Mama ist es langweilig.

Ah ja, und du kannst ja noch nicht zwischen ihr und dir unterscheiden.

Nee, kann ich nicht. Also Mama hatte heute nicht so viel zu tun, sie kann das nämlich alles schon, was ich noch üben muss.

Stimmt. Deine Mama hat es gut.

Klar hat sie das, sie hat schließlich mich.

Womit wir beim Thema wären *seufz*.

Was ist ein Thema?

Du! Du bist hier das Thema.

Ein Babymäuschen-Thema? Hört sich gut an.

Aber schlafen ist jetzt auch ein Thema. Daher gute Nacht, Babymäuschen, Äuglein schließen und schlafen.

23. Januar

Hallo Babymäuschen.

Hallo Oma.

Wie geht es dir?

Nicht so gut, wir haben Schnupfen und Kopfschmerzen und uns läuft die Nase.

Ach je, ihr Armen ...

Was ist denn, wenn die Nase läuft?

Dann kommt so wässriges Zeug aus der Nase und man braucht ein Taschentuch.

Mama und ich brauchen aber nicht nur ein Taschentuch, sondern viele.

Dann hat Mama einen richtigen Schnupfen.

Hast du gemerkt, wie gut ich zählen kann?

Weil du ‚viele' gesagt hast?

Ja, wie viel sind denn viele?

Na, mindestens drei ...

Hurra, dann kann ich gut rechnen und werde Mathematiker wie Mama.

Weil du bis drei zählen kannst?

Ist das nichts? Schließlich bin ich noch gar nicht geboren.

Auch wieder wahr.

Sag ich ja. Wie weit kannst du zählen?

Bis hundert, hab ich mal gemacht.

Wann denn?

Vor vielen Jahren, da war ich noch ein Kind. Ging um eine Wette mit meinem Bruder. Er wettete, dass ich es nicht schaffe.

Und du hast es geschafft?

Ja, die Wette und fünfzig Pfennig gewonnen.

Fünfzig Pfennig? War das etwas zum Essen?

Nein, das war ein Geldstück, damit konnte ich mir Schokolade kaufen.

Wollen wir auch wetten?

Morgen, mein Babymäuschen, heute bin ich müde *gähn*

Ach ja, Mama und ich auch, wegen dem Schnupfen.

Dann schlaft euch mal gesund.

Gute Nacht, Oma.

Gute Nacht, mein Babymäuschen.

24. Januar

Hallo Babymäuschen.

Hallo Oma, ich habe schon geschlafen.

Oh, habe ich dich geweckt?

Ja.

Tut mir Leid ...

Schon gut, macht nichts. Ich werde sowie so dauernd geweckt.

Wieso und wodurch?

Wir haben Besuch, einen König und eine Dame und die sind so was von laut.

Echt? Was machen die Leute denn?

Spielen. Irgendwas mit Karten oder so. Die sollten sich mal ein Beispiel an den Babymäuschen nehmen, wenn wir spielen sind wir ganz leise.

Da hast du Recht.

*Sag ich ja. Immer wieder schlafe ich ein und denn: *peng**

Was denn *peng*?

*Dann lacht jemand. Also ich weiß nicht *gähn*, ist denn Spielen so lustig?*

Ja, schon. Ich habe mich auch schon kringelig gelacht beim Skat spielen.

Dann verstehst du das?

Du wirst es auch verstehen, wenn ...

... ich mal älter bin, ich weiß, ich weiß. Komm schon, Oma, das hat doch so einen Bart.

Wie kommst du denn auf diese Redensart?

Hat ein-Papa gerade gesagt.

Hat er von dir gesprochen?
Nein, von dem König und der Dame. Kennst du die?
Dame und König sind Spielkarten.
Ach so, und ich dachte schon, wir hätten einen König zu Besuch. Also, wenn das so ist, dann stecke ich mir jetzt meine Fingerchen in die Ohren, damit ich nichts mehr höre. Oder noch besser, ich trete Mama so lange, bis sie mit mir nach oben geht und wir uns hinlegen können.
Dann wünsche ich dir einen guten Schlaf, mein Babymäuschen.
Ich dir auch, Oma.

25. Januar

Hallo Babymäuschen. Na, hast du dich ein wenig erholen können?
Du meinst, von gestern? Ja, hab ich. Heute war es ruhig und gemütlich, so wie ich es gern habe. Ich glaube, ich bin ein ganz ruhiges Babymäuschen.
Vielleicht nur jetzt, wer weiß, wie das später ist.
Wie war denn Mama?
Als deine Mama ein Babymäuschen war, da war sie sehr wild und hat dauernd gestrampelt – und als sie auf der Welt war, da war sie so ein ruhiges Kind und auch heute noch ist sie eine ganz ruhige Frau.
Strampel ich denn viel?
Schon, aber sicher nicht besonders viel.
Ja, dann weiß ich es auch nicht. Wie bist du denn?
Ich bin auch ruhig.
Und ein-Papa?

Der ist lebhaft.

Dann werde ich sicher ruhig-lebhaft sein.

Ah ja ... also gemischt?

Meinst du nicht?

Ich finde, egal wie du bist, bist du prima. Ob ruhig oder lebhaft, ich hab dich lieb.

Dann kann mir ja nichts passieren. Gute Nacht, du ruhige Oma.

Gute Nacht, du gemischtes Babymäuschen.

26. Januar nachmittags

Hallo Babymäuschen.

Hallo Oma. Mama und ich sind in der Bank und arbeiten. Was machst du?

Ich schreibe an meinem neuen Buch.

Ach ja, das bin ich.

Du bist mein neues Buch? Na ja, kann man so sehen.

Sitzt du auch vor einem Dingsda?

Dingsda?

Weiß nicht, wie das heißt. Halt so ein Ding, mit dem man schreibt.

Meinst du einen Computer?

Möglich, kann mir den Namen nicht merken. Da kommen so komische Geräusche raus.

Das wird ein Computer sein, ja, da sitze ich vor.

Mama auch. Ab und zu ertönt: incoming mail.

Wow, du kannst ja schon englisch.

Ja? Ist das nicht toll? Was ist denn englisch?

Eine andere Sprache.
Anders als das, was wir sprechen, Oma?
Ja.
Wie geht das denn?
Ganz prima, muss man nur lernen.
Muss ich das auch lernen?
Klar.
O weh, dabei kann ich doch noch gar nicht sprechen.
Kommt alles später.
Was ich so alles lernen muss: atmen, trinken, essen, krabbeln, laufen, sprechen, englisch – wo soll das nur enden?
In einem ganz klugen Babymäuschen.
Bist du eine kluge Oma?
Das fragst du die richtige … frag lieber andere.
Das mache ich, sobald ich sprechen kann.
Ich bin auf die Antworten gespannt.
Ich auch. Oh, da kommt wieder ein Geräusch aus dem Dingsda. Ich muss Mama helfen. Bis später mal.
Tschüss Babymäuschen.

27. Januar

Hallo Babymäuschen.
Hallo Oma.
Morgen hat Opa Geburtstag.
Ach, Opa wird morgen geboren?
Nein, der Tag seiner Geburt jährt sich.
Wie geht das denn? Wird man denn öfter geboren?

Du verstehst nicht richtig, Opa wurde natürlich schon geboren und morgen auf den Tag genau vor 59 Jahren. Das wird dann gefeiert und er bekommt schöne Geschenke. Morgen ist also sein 59. Geburtstag.

Und wenn ich geboren werde, habe ich dann auch Geburtstag?

Nein.

Ja wieso denn das nicht?

Weil man erst geboren sein muss, um Geburtstag zu haben.

Und wann habe ich dann Geburtstag?

Im nächsten Jahr, dann hast du deinen ersten Geburtstag.

Also, wenn ich geboren werde ist das mein erster Tag im Leben, aber nicht mein erster Geburtstag, aber der Tag meiner Geburt?

Ganz genau, jetzt hast du es verstanden.

Find ich aber blöd.

Wieso?

Weil ich dann keine Geschenke kriege.

Doch, die bekommst du.

Was soll das dann? Wenn der Geburtstag die Feier des Tages der Geburt ist und man bekommt Geschenke und der Tag der Geburt aber kein Geburtstag und man bekommt auch Geschenke? Findest du das logisch?

Vorher ja, nach diesem Gespräch nicht mehr ...

Bin ich gut?

Und wie, mir ist leicht schwindlig.

Dann geh schlafen, Oma, vielleicht hast du auch schon zu oft Geburtstag gefeiert und das Gespräch darüber ist dir zu schwer.

Das wird es sein, Babymäuschen!

Dann gute Nacht, du olle Oma.

Gute Nacht, du junges Babymäuschen.

28. Januar

Hallo Babymäuschen.

Hallo Oma.

Wie geht es dir?

Bestens! Mein Bäuchlein ist dicker geworden und meine Beinchen auch. Nur mein Wasser wird immer weniger – und mein Platz auch, ist richtig eng hier in Mamas Bauch. Verstehe ich gar nicht …

Da haben wir schon drüber gesprochen, wirst du vergesslich?

Moment bitte.

Was machst du?

Ich untersuche mein Köpfchen, ob da ein Loch ist.

Wieso das?

Nun, wenn da ein Loch ist, dann fällt mir so einiges heraus. Das ist doch ‚vergesslich', oder? Jedenfalls hat das Mama zu ein-Papa gesagt.

Was hat sie gesagt?

Dass sie das nicht mehr im Kopf hatte.

Was denn?

Wurscht oder so zu kaufen.

Was ist denn Wurscht?

Also, hör mal, Oma! Ich bin hier das Babymäuschen, das Fragen stellt, nicht du!
Verzeihung.
Und dass du nicht weißt, was Wurscht ist, wundert mich schon. Ein-Papa weiß das genau.
Dann frag ich ihn am Sonntag.
Ja, lass es dir von ihm erklären.
Aber du weißt das schon, oder?
Öhm, nö ... was ist denn Wurscht?
Ich denke, dein Papa meint Wurst und das ist etwas zum Essen. Oder er meint ‚egal', dazu sagen die Menschen auch manchmal ‚das ist wurst' oder wurscht".
Ist ‚egal' auch etwas zum Essen?
Nein.
Was ist denn egal?
Wurscht.
Oma, du lässt nach ...
Und ich habe bald ein Loch im Bauch von deinen Fragen
Und ich ein Loch im Kopf.
Dann haben wir beide ein Loch.
Ach, ist doch wurscht.
Ja, egal. Schlafen wir drüber.
Gute Nacht, Oma.
Gute Nacht, mein Babymäuschen.

29. Januar morgens 10 Uhr

Hallo Babymäuschen.
Huch, Oma, der Tag wird ja immer besser ...
Wie?
Mama hat mich gerade messen lassen, das war vielleicht furchtbar.
Echt? Dabei bist du sehr gewachsen und schon 41 Zentimeter groß und wiegst 1600 Gramm. Das ist doch toll.
Wirklich? So viel? Klar, ich habe ja auch kaum noch Platz hier. Es fällt mir schon schwer, mein Daumen in den Mund zu stecken.
Also was war denn da so furchtbar?
Weil ich hörte, ich wäre nicht kropotatif. Was ist das?
Du meinst sicher ‚kooperativ'. Ach, mach dir keine Gedanken.
Mach ich mir aber ...
Nun, deine Mama sagte mir, du hättest dein Gesicht hinter der Nabelschnur versteckt.
Klar, was geht den doofen Doktor an, wie ich aussehe.
Und Ultraschall hätte auch nicht geklappt.
Ich weiß, ich habe wie wild gestrampelt, damit Mama wieder geht.
Und dann liegst du auch noch verkehrt herum.
Mit dem Kopf nach unten und nicht nach oben wie alle anderen Menschen, ich weiß.
Nein, mit dem Kopf nach oben.
Echt? Das ist doch toll.

Nicht wirklich, fürs Geborenwerden ist es anders herum besser. Kannst du dich bitte noch drehen?

Möchte Mama das?

Ja.

Dann mache ich das, aber erst später. Und jetzt möchte ich meine Ruhe haben, ich bin fix und alle.

Okay, bis später dann mal.

30. Januar

Hallo Babymäuschen. Bist du wieder fit?

Hallo Oma. Ja, bin ich.

Prima. Heute ist es wieder kalt. Merkst du etwas davon?

Nein, Mama und mir ist es warm. Wir haben aber auch gemütlich auf der Couch gesessen und dabei dein Buch lekotariert.

Du meinst ‚lektoriert'?

Ist doch ganz egal, jedenfalls habe ich Mama geholfen.

Wie denn?

Wenn Mama gelacht hat, habe ich gestrampelt.

Und wenn sie nicht gelacht hat?

Auch.

Aha.

Findest du das nicht gut?

Doch, ich finde strampeln immer gut.

Was ist denn eigentlich lekotarieren?

Lektorieren ist, wenn man über die Arbeit eines Schriftstellers liest, Fehler und falsche Ausdrücke verbessert und so.

Bist du denn ein Schriftsteller?
Ja.
Quatsch! Du bist meine Oma.
Nicht nur.
Doch.
Nein.
Doch.
Nein.
Du bist ja richtig dickköpfig.
Du aber auch.
Ich glaube, wir sind verwandt.
Glaube ich auch.
Hurra, wir sind uns einig.
Klar, du bist doch meine Oma.
Und du mein Enkel.
Moment, Mama lacht wieder. Jetzt muss ich wieder strampeln.
Ach ja, sie lektoriert das nächste Buch von mir. Dann will ich nicht stören. Bis morgen, Babymäuschen.
strampel bis morgen, Oma *strampel*

31. Januar

Hallo Babymäuschen.
Hallo Oma. Du, ich habe da etwas Komisches auf dem Kopf. Es ist weich und flauschig. Hast du eine Ahnung, was das sein könnte?
Ja, ich denke, das werden Haare sein.
Was ist das denn?

Haare? Nun, eigentlich etwas Schönes. Bestimmt haben deine Haare eine hübsche Farbe.

Wozu braucht man denn Haare? Und hast du auch welche?

Man braucht die eigentlich gar nicht und ja, ich habe auch welche.

Ich hoffe, dass meine Haare grün sind.

Wieso das?

Weil unser Weihnachtsbaum grün war und Mama sagte, der wäre so schön.

Du möchtest wie ein Weihnachtsbaum aussehen?

Wäre doch gut, oder nicht?

Nee du …

Was findest du denn gut?

Wenn du wie ein Baby aussiehst. Babys sind so süß.

Siehst du wie eine Oma aus?

Weiß nicht, kann sein.

Sind Omas auch süß?

Nein.

Dann will ich nicht wie eine Oma aussehen.

Du hast Ideen … kein Babymäuschen kann wie eine Oma aussehen.

Ein Glück – weil du nicht süß bist.

Ist ja schon gut.

Ich bin eben süß.

Ja, ja, ja … hätte ich nur nichts gesagt.

Süß, süß, süß, lalala.

Da geh ich jetzt lieber mal schlafen, sonst bekomme ich noch einen Zuckerschock bei so viel Süßem. Gute Nacht, Babymäuschen.
Gute Nacht, Oma.

1. Februar
nach der Feier zu Opas 59. Geburtstag

Hallo Babymäuschen. Oh, ich bin völlig platt ...
Hallo Oma, und ich fix und fertig ...
War das eine Feier.
Ja, laut und lustig.
Was haben wir gelacht.
Und Kuchen gegessen.
Und getrunken.
Und warm war es.
Total, wir haben ja auch so eng beieinander gesessen.
Uroma Marianne hat viel Ulkiges erzählt.
Uroma Cläre hat ‚Jana' zu Onkel Christian gesagt.
Ja, Mama und ich haben einen Lachkrampf gekriegt.
Uroma Cläre auch.
Ein-Papa hatte das nicht gehört ...
... und wollte wissen, was los war.
War das lustig. Mir tut vom Lachen das Bäuchlein weh.
Und müde bin ich geworden
Mama und ich auch. Wir sind froh, wieder zuhause zu sein.
Dann sollten wir jetzt schlafen.

Ja, Oma, aber sag mal, bekomme ich auch bei dir ein Bettchen? Habe ich das richtig gehört?

Ja, hast du. Ich besorge eines und stelle es hier auf.

Hurra!

Gute Nacht, mein Babymäuschen.

Gute Nacht, Oma.

2. Februar

Hallo Babymäuschen, hast du dich wieder erholt?

Hallo Oma, ja, hab ich. Mama und ich waren heute wieder in der Bank und haben gearbeitet.

Ihr seid ja wirklich fleißig.

Ja, aber wir müssen nur noch 500 Mal arbeiten bis ich geboren werde.

Noch fünf Mal, nicht 500 Mal, Babymäuschen.

Hat Mama aber gesagt.

Ach, das hast du sicher nicht richtig gehört. Ihr müsst nur noch fünf Mal in die Bank und dann ist deine Mama im Mutterschutz und ihr könnt zuhause bleiben und in Ruhe auf deine Geburt warten.

Och, das wird sicher langweilig.

Ein bisschen schon, aber ihr könnt ja Bücher lesen, deine Strampelhöschen durchwaschen und meine Manuskripte lektorieren.

Au ja, dabei muss Mama immer lachen. Du schreibst schon komisch. Bist du immer so lustig?

Ziemlich oft, ja.

Dann will ich auch lustig sein. Wie macht man das?

Wenn ich das mal wüsste ...

Aber du musst das doch wissen, Oma, denn du bist lustig. Also erkläre es mir bitte.
Tja *seufz*
Oma, du weißt es doch nicht!
Sieht so aus …
Hm, dann frag ich den ein-Papa wenn ich geboren bin.
Mach das, der ist auch lustig.
Gut, Oma, und jetzt muss ich schlafen, denn die Mama liegt schon im Bett.

3. Februar

Hallo Oma.
Oma?

4. Februar

Hallo Oma.
Oma? Wo bist du?
Haaaalloooooooo, dein Babymäuschen wartet.

5. Februar mittags

Hallo Babymäuschen.
Hallo Oma, wo warst du denn?
Krank, im Bett, konnte nicht mir dir reden.
Ach du liebes Bisschen … was hattest du denn?
Grippe, ziemlich doof.
Und jetzt geht es dir besser?
Ja, schon viel besser und da bin gleich gekommen, um mit meinem Babymäuschen zu reden.

Und ich habe schon so auf dich gewartet, Oma.

Gibt es etwas Neues, mein Kleiner?

Ich bin wieder ganz doll gewachsen, meine Beinchen sind viel dicker geworden und mein Bäuchlein ist kugelrund. Meinst du, Mama freut sich darüber?

Und wie! So ein kräftiges Babymäuschen ist etwas Herrliches.

Ich werde bestimmt noch größer.

Das denke ich auch. Es sind noch acht Wochen bis zu deiner Geburt, in der Zeit wirst du noch mächtig wachsen.

Freust du dich auf mich?

Und wie! Ich kann dir gar nicht sagen, wie gespannt ich bin.

Kommst du dann auch sofort zu mir?

Klar!

*Gut, dann mach ich jetzt ganz viel *blubber-blubber-blubber**

Mach das. Bis später, Babymäuschen.

Bis später, Oma. Und nicht wieder krank werden, hörst du?

6. Februar morgens

Hallo Babymäuschen.

Hallo Oma. Bist du wieder ganz gesund?

Ja. Und du?

Ich? Ich bin doch immer gesund. Aber ob ich später auch mal die Grippe kriege?

Ach, das denke ich schon. Da kommt niemand dran vorbei.

Wieso denn? Und wenn ich aufpasse?

Die Viren lauern überall.

Was sind denn Viren?

Das sind die kleinen Dingelchen, die uns krank machen. Und die sind überall.

Warum schmeißt man die denn nicht weg, wenn sie so schrecklich sind?

Wie kommst du denn auf ‚wegschmeißen'?

Na, hat ein-Papa gestern zu Mama gesagt. Sie hatte wohl Wurscht in der Hand und fragte ihn, ob diese wohl noch gut sei, und ein-Papa sagte: „Schmeiß weg!"

Also, erst einmal heißt das ‚Wurst' und nicht ‚Wurscht', aber das Thema hatten wir ja schon, und zweitens kann man schlechte Wurst nicht mit Viren vergleichen.

Und wieso nicht? Wenn sie doch schlecht sind wie die Wurscht von gestern?

Weil Viren winzig klein sind, die kann man gar nicht anfassen wie Wurst zum Beispiel.

Ach so ... und was kann man dann gegen sie machen?

Nicht viel, Hände immer gründlich waschen und kranken Leuten aus dem Weg gehen.

*Dann sollte ich dir also lieber aus dem Weg gehen? *heul* ich kann aber doch noch gar nicht gehen ...*

Du steckst dich nicht an, solange du noch nicht geboren bist.

Wirklich nicht? Da bin ich aber froh. Und wenn ich geboren bin, dann fange ich alle Viren und schmeiße sie weg. Ich muss mir noch überlegen, wie ich sie fange, weil sie ja so klein sind.

Wenn du das schaffst, bekommst du den Medizin-Nobelpreis und wirst berühmt.

Bist du berühmt?

Nö.

Dann will ich es auch nicht sein.

Na, vielleicht überlegst du dir das noch wenn es soweit ist. Bis später mal, Babymäuschen, ich muss noch etwas arbeiten.

Bis später, Oma.

7. Februar nachmittags

Hallo Babymäuschen, was machst du so?

Wachsen, Oma. Mama und dieser ein-Papa haben ganz viele Strampelhöschen und Hemdchen für mich bekommen und die sind alle sehr groß. Da passe ich nie im Leben hinein.

Woher sind die Sachen und wieso passt du nicht hinein?

Die sind von der anderen Oma und haben mal diesem ein-Papa gehört und der ist doch riesengroß. Wie soll ich da in seine Sachen passen?

Oma, was kann ich tun, um ganzschnell so groß wie ein-Papa zu werden?

Gar nichts, so groß kannst du erst werden, wenn du geboren bist.

Und wie schnell geht das dann?

Das wird 17 oder 18 Jahre dauern.
Ach so, na, das ist ja nicht lang.
Meinst du? Das ist schon eine lange Zeit.
Glaub ich nicht. Gestern sagte Mama, dass sie schon fast fünf Jahre mit diesem ein-Papa verheiratet wäre und die Zeit wäre im Handumdrehen umgegangen. Das ist mit diesen 17 oder 18 Jahren dann genau so, denn meine Mama ist schlau.
Das ist sie zweifelsohne.
Siehst du! Und ich muss mir jetzt keine Gedanken mehr machen und kann in Ruhe meine Fingerchen zählen: dreizehn, hellblau, Höschen, fünf, Milchfläschchen.
Das ist Zählen?
Klar! Du weißt aber auch gar nichts, Oma!
Scheint mir auch so. Na, dann werde ich mal weiter an dem Buch über dich schreiben. Bis später, mein Babymäuschen.
Bis später mal, Oma.

8. Februar

Hallo Babymäuschen.
Hallo Oma. Ein-Papa ist krank!
Woher weißt du das denn?
Er macht so komische Geräusche.
Und welche?
Das klingt so, wie wenn Mama mit mir Auto fährt und auch so, wie wenn Mama in der Küche ist und Kuchen rührt.

Kann es sein, dass dein Papa niest und hustet und sich geräuschvoll die Nase putzt?

Woher soll ich das wissen? Mama sagte am Telefon zu der anderen Oma, dass Papa erkältet ist.

Ja genau, das wird es sein.

Und woher weißt du das?

Hab das auch schon gehabt.

Und meine Mama? Kriegt die das auch?

Vermutlich.

Oh nein ...

Wie?

Diese Geräusche sind so laut. Ich glaube, ich muss lernen, mir die Ohren zu zuhalten.

Ja, das wäre sicher besser.

Und wie geht das?

Streck deine Händchen aus.

Mach ich.

Und jetzt nach oben zu deinem Kopf damit.

Und wenn ich mich gedreht habe?

Dann nach unten.

Jetzt bin ich verwirrt ...

Ich auch ...

Was mache ich jetzt?

Versuche es doch mal mit Schlafen. Im Schlaf machen dir die Geräusche bestimmt viel weniger aus.

Das probiere ich jetzt aus.

Dann gute Nacht, Babymäuschen.

Gute Nacht, Oma.

9. Februar mittags

Huhu, Oma! Mama und ich sind in der Bank und arbeiten fleißig. Ich helfe Mama beim Zählen.

Hallo Babymäuschen. Dann geht es euch gut?

Oh, ja, und wie! Uns geht es prima. Ich wachse und Mamas Bauch auch. ‚Alles klar an der Babyfront', meinte Mama heute Morgen. Aber wir sind traurig.

Wie? Was? Traurig und gleichzeitig geht es euch gut?

Ja, genau.

Und warum seid ihr traurig?

Weil es die letzte Arbeitswoche ist und Übermorgen der letzte Arbeitstag. Dann sind Mama und ich ein ganzes Jahr nur zu Hause.

Das ist doch traurig, oder? Wir freuen uns aber riesig auf die Zeit.

Ahem, ich weiß im Moment nicht ...

Was weißt du nicht, Oma? Soll ich dir alles noch einmal erklären?

Nein, bitte nicht. Ich glaube ich verstehe. Ihr beide seid in einem Wechselbad der Gefühle. Da kommt etwas hochspannendes Neues, das wunderschön ist, aber auch Angst macht wegen der Veränderung, und da geht etwas Schönes, das aber wiederkommt.

Oma, du bist klasse! Genau das wollte ich auch gerade sagen.

Ach wirklich?

Man merkt, dass du eine Schriftstellerin bist.

Das kommt aber jetzt nicht von dir, oder?

Nein, das war deine innere Stimme. Ich bin doch nur ein klitzekleines Babymäuschen.

Na, so klitzeklein aber auch nicht mehr.

Das stimmt, Oma. Ich bin aber auch tüchtig am Wachsen. Mama soll doch stolz auf mich sein.

Das wird die mit Sicherheit, mein Schatz.

Huch, ich habe vergessen zu zählen. Tut mir Leid, Oma, ich habe keine Zeit mehr zum Plaudern, ich muss wieder mit Mama zusammen analysieren. Schließlich sind wir Analysten.

Dann tschüss, bis später.

Tschüss, Oma.

10. Februar nachmittags

Hallo Babymäuschen. Na, wieder fleißig?

Hallo Oma. Ja, und wie! Jetzt wird es langsam ernst.

Was wird ernst?

Das weiß ich auch nicht, aber soeben sagte das ein Mann zu Mama. Das muss ein wichtiger Mann gewesen sein, denke ich, denn Mamas Herz hat angefangen zu pochen und meines gleich mit. Muss Mama Angst haben?

Glaub ich nicht. Das war sicher Mamas Chef und der sprach davon, dass du jetzt bald zur Welt kommst.

Oh, schon?

Keine Bange, das war kein Doktor.

War er wohl.

Aber kein Arzt und es war nur so eine Redensart. Du hast noch Zeit.

Ein Glück, ich bin noch nicht fertig mit Wachsen. Was ist eine Redensart?

Das ist, wenn man sich nett unterhalten will.

Für mich klang es wie eine Drohung. Ich habe mich richtig erschrocken.

So war es bestimmt nicht gemeint.

Das kann ich nur hoffen. Dumme Redensart.

Nun sei nicht genau, er hat das nur so daher gesagt.

Dummer Chef.

Nein, der ist sehr nett. Das hat deine Mama immer gesagt. Du wirst sicher später auch ab und zu mal was Dummes sagen.

Ganz bestimmt nicht!

Bist du da sicher?

Ja.

Gut, dann werde ich dich später mal daran erinnern.

Ach, Oma, du vergisst das sicher.

Auch wieder wahr …

Huch, der Chef kommt schon wieder. Meine Güte, ist das heute aufregend.

Viel Spaß noch, bis morgen, Babymäuschen.

Bis morgen, Oma.

11. Februar mittags

Hallo Babymäuschen.

Hallo Oma!

Wie geht es dir?

Keine Ahnung, ich bin hin und her … heute ist Mamas letzter Tag in der Bank.

Dann habt ihr Abschiedsschmerz?

Und wie! Wie soll das hier nur laufen ohne Mama und mich? Mama ist so gut.

Ich weiß, das wissen alle. Aber sie werden schon eine Weile ohne sie auskommen, das klappt schon.

Ich weiß nicht ... vielleicht sollten wir doch besser bleiben?

Ach wo, ihr habt doch den Anspruch auf Babyurlaub.

Ach so, das ist nur Babyurlaub. Urlaub ist schön. Mama, ein-Papa und ich wollen auch bald in Urlaub fahren, sobald ich groß genug bin.

Wann bin ich denn groß genug?

Vielleicht in einem halben Jahr.

Urlaub ist doch prima.

Das finde ich auch und danach geht Mama wieder in die Bank.

Und ich auch.

Wohl eher nicht.

Nicht? Wohin gehe ich denn?

Kindergarten, Tagesmutter oder so.

Na, ich weiß nicht ...

Wird schon.

Hoffen wir es.

Viel Spaß noch heute bei eurem letzten Tag.

Tschüss Oma.

12. Februar mittags

Hallo Babymäuschen.

Hallo Oma.

Wie geht es dir?

Eigentlich ganz gut, aber ich weiß nicht, ob Mama mich heute wieder hat messen lassen.

Du weißt es nicht?

Nein, ich habe geschlafen. Weißt du das?

Nein, auch nicht.

Was meinst du, ob ich wohl groß genug bin?

Bestimmt!

Und geübt habe ich auch. Ich kann schon prima schlucken und atmen.

Das wirst du auch brauchen können. Nun sind es noch sieben Wochen bis zu deiner Geburt.

Ich kann dir nur sagen, hier wird es immer enger. Ich kann mich kaum noch richtig bewegen.

Das glaube ich dir. Wenn du geboren bist, wird es schlagartig besser.

Das hoffe ich mal, ich würde mich gerne einmal richtig ausstrecken.

Hoppla, jetzt muss ich wieder *hicks*. Habe wohl zu viel von meinem Wasser getrunken *hicks*

Armes Babymäuschen.

Gar nicht arm, hab doch Mama.

Auch wieder wahr. Bis später mal, Babymäuschen.

hicks

hicks

hicks

13. Februar

zzzzzzz

zzzzzzz

zzzzzzz

zzzzzzz

zzzzzzz

zzzzzzz

Rummsrumpelklirrknall

Was war das?

Was war das?

Babymäuschen?

Oma?

Keine Ahnung.

Keine Ahnung.

Warst du das?

Warst du das?

Ich habe geschlafen.

Du auch?

Ja, du auch?

*Ja *gähn**

gähn ich bin so müde

Ich auch.

Was hat denn da so knallt und gerumpelt? Kam das von draußen?

Bestimmt. Hat mich voll geweckt.

Mich auch. Sicher ein Lastwagen mit einem kaputten Auspuff.

Denke ich auch.

Ahem, Babymäuschen, wir wohnen in verschiedenen Städten ...
Ja und?
Wir können unmöglich den gleichen LKW gehört haben.
Ach, Oma, in deinen Büchern ist doch alles möglich.
Hast wie immer Recht.
gähn
gähn
Dann schlafen wir einfach weiter.
Gute Nacht, Oma.
Gute Nacht, Babymäuschen.

14. Februar mittags

Hallo Oma, es ist gerade sehr aufregend!
Was gibt es denn?
Wir sind in einem Babymäuschengeschäft. Mama, ein-Papa und ich. Hier kann man Babymäuschen kaufen.
Ach, Schätzchen, nein. In diesem Geschäft kann man Dinge kaufen, die Babymäuschen brauchen, wie Betten, Kinderwagen, Rässelchen, Strampelhöschen und so.
Nein, bestimmt, hier kauft man Babymäuschen. Hat ein-Papa gesagt.
Er hat sicher gesagt: ‚Hier kann man etwas für Babymäuschen kaufen.'
Ja, kann auch sein ...
Ja, sicher. Ich kenne ihn doch.

Woher denn?

Er ist schon lange mit deiner Mama zusammen und war schon oft bei mir zu Besuch. Dein Papa ist mein Schwiegersohn.

Und was bin ich?

Mein Enkelsohn.

Und Mama?

Meine Tochter. Und ich bin ihre Mama. Aber das habe ich schon mal erzählt.

Stimmt, aber verstanden habe ich das nicht ...

Macht nichts, das kommt noch. Haben deine Eltern in dem Laden etwas gekauft?

Ich weiß nicht, ich habe am Daumen gelutscht und bin darüber eingeschlafen.

Ach so.

Jetzt sind wir in einem Café und Mama und ein-Papa trinken und essen. Das ist ganz toll.

Das mache ich auch gern. Ich gehe mit Opa oft Kaffee trinken.

Ich möchte auch gerne Kaffee trinken.

Später, fang du erst mal mit Milch an.

Huch, wir gehen. Tschüss Oma, mal schauen, wo wir jetzt hingehen.

Tschüss Babymäuschen und viel Spaß beim Shoppen.

15. Februar

Hallo Babymäuschen.

Hallo Oma.

Es ist Karneval. Bekommst du davon etwas mit?

Keine Ahnung, sollte ich?

Weiß nicht ...

Was ist denn Karneval?

Nun, man verkleidet sich, tanzt herum, lacht, isst, trinkt und so.

Das Lachen, Essen und Trinken kenne ich, aber was ist Verkleiden?

Etwas Verrücktes anziehen.

Du meinst nicht meine Strampelhöschen?

Nein.

Was dann?

Etwas anziehen, das man sonst nie tragen würde. Also, wenn du die Hosen von deinem Papa anziehen würdest.

Hihihi ...

Siehst du, das ist Karneval.

Lustig.

Ja.

Ich mach mit.

Nächstes Jahr, wenn du geboren bist.

Nee, jetzt schon. Ich trinke von meinem Wasser und strampele herum. Dann bekomme ich einen ‚Hicks', mein Bäuchlein wackelt, und Mama muss lachen. Ist das nicht Karneval?

Tja ...

Ich probiere es aus.

Dann teste das morgen am Rosenmontag, ja?

Das mache ich.

16. Februar mittags

Hallo Babymäuschen, feierst du Karneval?

Hallo Oma, nein, wir haben Kopf- und Rückenschmerzen und liegen auf der Couch.

Oh, ihr Armen. Wie kommt das denn?

Mama meint, ich liege verkehrt. Wie liegt man denn richtig?

Eigentlich kann man gar nicht falsch liegen, aber vielleicht solltest du dich allmählich mal drehen.

Mach ich morgen. Aber weißt du, Oma, auf der Couch ist sehr gemütlich. Allerdings schlafen wir immer wieder ein.

Das kann ich verstehen. Dann lasst es euch mal gut gehen und ruht euch schön aus. Die nächsten Wochen werden schon noch aufregend genug.

Das meint ein-Papa auch.

Ein kluger Papa.

Tschüss Babymäuschen und erholt euch gut.

Tschüss Oma, bis morgen.

abends

Babymäuschen?

Oma?

Ich wollte nur mal nachhören, ob es deiner Mama besser geht.

Ja, geht es und mir auch.

Hattest du auch Rückenschmerzen?

Klar, ich hab alles, was Mama hat. Aber jetzt ist ein-Papa da und nun bin ich wieder fröhlich.

Das freut mich.

Aber wir sind immer noch müde.

17. Februar mittags

Hallo Babymäuschen. Gerade rief deine Uroma Marianne an.

Hallo Oma. Aha ...

Stell dir vor, sie hat ein Lätzchen für dich gekauft. Da will sie noch deinen Namen darauf sticken.

Ich heiße Babymäuschen, sag ihr das. Was ist denn ein Lätzchen?

Etwas zum Schlabbern.

Und was ist Schlabbern?

Essen verkleckern.

Man soll also das Essen auf das Lätzchen kleckern?

Ja.

Ich dachte, Essen soll man essen.

Klar.

Was denn jetzt ... kleckern oder essen?

Essen. Und wenn du kleckerst, dann bitte auf das Lätzchen. Deshalb heißt es auch Schlabberlätzchen.

Hast du auch eins?

Nein, ich bin doch schon groß. Ich habe eine Serviette wenn ich esse.

Steht da ‚Oma' drauf?

Ich bitte dich ...
Ja, gerne, was möchtest du denn?
Ach Babymäuschen ...
Ach Oma ... trotzdem nett von dieser Uroma. Und wenn ich nun gar nicht schlabbere?
Alle Babymäuschen schlabbern.
Und wenn ich nicht?
Dann verschenken wir das Lätzchen.
Das ist aber gemein!
Dann bleibt dir nichts anderes übrig als zu schlabbern.
Irgendwie fühle ich mich jetzt komisch ... jetzt muss ich ja schlabbern. Hihi ...
Oma?
Babymäuschen?
Machst du Spaß?
Immer. Aber das Lätzchen bekommst du auf jeden Fall.
Ob ich nun schlabbere oder nicht?
Ja.
Also echt jetzt, ich bin total müde geworden ... *gähn*
Dann halte mal ein Mittagsschläfchen. Bis später!
Bis später Oma.

18. Februar mittags

Hallo Babymäuschen.
Hallo Oma. Wir gehen gerade spazieren.
Mama und du?

Ja, wir gehen durch den Garten und Mama sagt, dass schon die Schneeglöckchen blühen. Was sind denn Schneeglöckchen? Läutet damit der Schnee?

Nein, die Schneeglöckchen sind kleine Blumen und zwar die ersten, die nach dem Winter blühen. Sie läuten den Frühling ein.

Mama sagt, sie sehen wunderschön aus.

Ja, das ist auch so. Ich habe auch welche im Garten.

Ach, warum kann ich die nicht sehen …

Geduld, Babymäuschen, nicht mehr lange und du kannst die ganze Welt sehen.

Uiii, die ganze Welt.

Na ja, vielleicht etwas übertrieben.

Hört sich aber gut an.

Dann geht mal schön weiter spazieren.

Das machen wir und ich mache mich ganz leicht, damit Mama nicht so schwer zu tragen hat.

Bis später, Babymäuschen.

Bis später, Oma.

19. Februar

Hallo Babymäuschen. Du hast doch erzählt, ihr wärt gestern spazieren gegangen.

Ja, und das war schön.

Ich weiß jetzt auch, wo ihr gewesen seid: in der Stadt und shoppen. Du hast ein neues Höschen bekommen.

Noch eines?

Ja, wohl mehr ein Schlafanzug mit Tigern drauf.

Was sind denn Tiger?
Wilde Tiere.
Auf meinem Schlafanzug???
Ja.
Das ist ja schrecklich. Warum kauft Mama denn so etwas?
Für eine Feier, da muss jeder etwas mit Tigern anziehen.
Ist das nicht gefährlich und was ist das für eine Feier?
Ein Junggesellinnenabschied.
Ach richtig, da heiratet jemand und wir müssen dahin.
Im Tiger-look.
Wo Mama mich alles so hinschleppt ...
Wird bestimmt schön und lustig.
Ich trau der ganzen Sache nicht ... denk an die Tiger.
Ich hab auch einen Tiger hier.
Du auch?
Ja, einen aus Stoff. Der ist ganz weich und kuschelig. Du darfst später einmal mit ihm spielen.
Ich weiß nicht, ist mir eigentlich zu gefährlich.
Der Tiger ist ganz harmlos, so wie ich.
Wenn du das sagst ...
Jetzt schlaf mal, mein Babymäuschen.

20. Februar

Hallo Babymäuschen.
Hallo Oma.
Ich habe heute mit deiner Mama telefoniert.

Wegen meinem gefährlichen Schlafanzug? Hast du ihr gesagt, dass sie den wegschmeißen soll?

Wir haben über den Schlafanzug gesprochen, ja, und ich habe erfahren, dass er lediglich ein Muster wie ein Tigerfell hat. Dein Papa hat gestern wohl etwas übertrieben.

Da bin ich aber froh! Muss ich jetzt nicht mehr zu der Feier?

Doch, deine Mama will da hin.

Und ich muss mit …

Ja. Sind ganz viele nette Mädels da.

Nur Mädels?

Ja, ist ja ein Junggesellinnenabschied, da dürfen Männer gar nicht teilnehmen.

Aber ich bin doch ein Junge! Da bleibe ich lieber bei ein-Papa zuhause, der ist ja auch ein Junge.

Du bist ja dann noch sehr klein, deshalb darfst du schon dabei sein.

Ich muss also mit …

Es sei denn …

Es sei was?

Wenn du später als am 2. April geboren wirst.

Wieso?

Weil die Feier am 18. April ist, das Datum könnte dann für dich und deine Mama zu früh sein.

Aha. Was kann ich da machen?

Pünktlich sein.

Will ich aber gar nicht.

Ach komm … und dreh dich auch mal.

Das mache ich noch.
Versprochen?
Versprochen.
Dann schlaf jetzt mal, mein Babymäuschen. Gute Nacht.
Gute Nacht, Oma, bis morgen.

21. Februar

Hallo Babymäuschen.
Hallo Oma.
Wie geht es dir?
Eigentlich ganz gut.
Nur eigentlich?
Na ja, ein-Papa und Mama machen da so komische Sachen mit mir.
Irgendwas mit einer Kerze und Flammen und so.
Sie wollen, dass du dich drehst.
Das mache ich auch noch. Oma, du kannst mir glauben, es wird richtig eng hier. Das geht nicht lange gut ...
Das glaube ich dir und das ist auch so. In nicht allzu langer Zeit wirst du geboren werden, weil es halt zu eng wird für dich. Babymäuschen, du wirst allmählich zu groß für Mamas Bauch.
Und wo soll ich dann hin?
In die Welt.
Wo ist die denn?
Um deine Mama herum.

Ach, das wusste ich gar nicht. Das ist ja nicht weit, das kann ich gut machen. Hauptsache, ich bleibe ganz nah bei Mama.

Das wirst du schon, keine Bange.

Oh, es gibt Abendessen! Das wird lustig.

Ja? Na, dann viel Spaß, Babymäuschen. Bis morgen.

Bis morgen, Oma.

22. Februar

Hallo Babymäuschen, bist du noch wach?

Hallo Oma, und wie.

Was machst du denn?

Ich übe drehen.

Finde ich gut.

*Mama und ein-Papa auch. Und *schwupps* und *schwupps* und *schwupps*. Ist gar nicht so einfach.*

Weil du schon so groß bist.

Bin ich das?

Ja klar!

Uiii, das hört sich toll an. Ein-Papa sagt immer nur ‚Kleiner' zu mir.

Ach, das ist doch liebevoll gemeint.

Meinst du?

Sicher.

*und *schwupps* und *schwupps* und *schwupps* und *schwupps* und *schwupps* und *schwupps* und *schwupps* und *schwupps* und *schwupps**

Ich glaube, ich störe mal nicht weiter.

Du störst nicht, Oma. Kannst du mir mal einen Stups geben?

Stups

Bald schaffe ich es. Na ja, vielleicht morgen *gähn*

Ich wünsche dir eine gute Nacht, Babymäuschen

23. Februar mittags

Hallo Babymäuschen.

Hallo Oma. Mama und ich sind shoppen und ich weiß, was shoppen ist!

Dann sag es mir.

Strampelhöschen für mich kaufen und Waschlappen mit Bärchen drauf und Handtücher und Milchfläschchen für alle Fälle. Was sind alle Fälle?

Dann hat man das zu Hause und muss nicht losgehen, um es zu kaufen.

Ach so. Und Mama und ich kaufen auch Bettwäsche mit Sternen drauf, alles für mich. Ist das nicht toll!

Ja, du kannst dich richtig freuen.

Hast du auch Bettwäsche mit Sternen drauf?

Ja, hab ich.

Und Waschlappen mit Bärchen?

Vielleicht einen, glaube ich, weiß es aber nicht genau.

Du kannst einen von mir haben.

Das ist lieb von dir, Babymäuschen.

Mama und ein-Papa haben sich einen Namen für mich ausgesucht.

Ach, und wie lautet der?

Hab ich vergessen ... ich finde Babymäuschen eh viel schöner. So möchte ich heißen, sag das der Mama.

Ich glaube, das wird nicht viel nützen. Deine Mama und dein Papa werden dich ganz bestimmt nicht so nennen. Höchsten ich, wenn wir zusammen spielen und wenn ich auf dich aufpasse.

Das ist doch auch schon was.

Finde ich auch.

Deine Mama hat nächste Woche Geburtstag.

Ich weiß das.

Und sie feiert hier bei mir. Du kommst dann hierher.

Noch was, worauf ich mich freue!

Und ich erst.

Hurra!

Hurra!

Dann übe ich jetzt mal wieder drehen:
*und *schwupps* und *schwupps* und *schwupps**
*und *schwupps* und *schwupps* und *schwupps**
*und *schwupps* und *schwupps* und *schwupps**

Bis bald, Babymäuschen.

Bis bald, Oma.

24. Februar morgens ganz früh

Oma! Oma! Oma!

Augenreib was ist denn, Babymäuschen?

Bist du wach? Ich muss dir was ganz Tolles erzählen. Mama und ich waren gestern bei den Hababam.

Hababam?

Ja, das sind die, die kommen, wenn ich geboren bin. Sie passen auf Mama und mich auf.

Ach, du meinst die Hebammen.

Sag ich ja, Hababam. Die haben ein schönes Haus, sagt Mama, so richtig kuschelig und sind voll nett. Mama will aber trotzdem mit mir ins Krankenhaus. Ich bin aber doch gar nicht krank, oder?

Bist du nicht.

Warum soll ich dann ins Krankenhaus?

Nur für die Geburt.

Werde ich dann krank?

Nein, nein, das ist nur zur Sicherheit.

Falls ich krank werde?

Genau, oder deine Mama.

Das ist doch dann gut.

Klar. Man kann aber auch bei den Hebammen im Geburtshaus ein Babymäuschen zur Welt bringen.

Wo es so kuschelig ist. Ist es im Krankenhaus auch so gemütlich?

Ein bisschen.

Dann will ich lieber zu den Hababam.

Glaub ich dir.

Vielleicht geht Mama mit mir zu den Hababam.

Hm, ich denke nicht. Dein Papa bringt euch sicher ins Krankenhaus.

Und wenn ich nicht will?

Dann reiche eine schriftliche Beschwerde ein.

Au ja. Wie geht das?

Kannst du schreiben?

Ich glaube nicht.
Kannst du lesen?
Weiß nicht …
Dann geh mit Mama ins Krankenhaus.
Na gut. Kommst du auch?
Natürlich. Ich besuche euch. Und jetzt möchte ich noch ein wenig schlafen. Darf ich?
Klar, Oma. Schlaf schön. Bis später.
Bis später.

25. Februar

Hallo Babymäuschen. Toll gemacht!
Hallo Oma. Ich bin auch ganz stolz. Das Üben mit dem *Schwupps* hat geholfen. Ist Mama auch stolz auf mich?
Und wie. Sie glaubt allerdings, dass die Spieluhr dir den Weg gewiesen hat.
Wie bitte? Als wenn ich das nicht selbst gewusst hätte. Wir Babymäuschen wissen schon, wann und wie wir uns drehen müssen. Aber die Melodie war schön sehr hübsch. Ich bin ganz nah herangekommen, um sie hören zu können.
Dann hat es doch geholfen.
Nein, es war mein *schwupps*
Auf jeden Fall hast du dich ganz toll gedreht und liegst nun richtig herum.
Mit dem Kopf nach unten.
Ja, mir auch ganz schwindlig.
Ach je.

Reingefallen, ist mir gar nicht!
Du veräppelst deine alte Oma.
Du mich auch, denn du bist doch gar nicht alt.
Bin ich wohl.
Bist du nicht.
So können wir noch lange weiter machen.
Ja, aber ich muss noch üben.
Was denn noch?
Schlucken und atmen. Mama meint, ich käme schon bald zur Welt und dann muss ich das können. Das weiß ich, so was wissen alle Babymäuschen. Also Oma ...
Okay, okay, dann verdünnisiere ich mich mal. Bis später.
Tschüss Oma.

26. Februar

Hallo Babymäuschen. Na, war es aufregend heute?
Und wie! Mama hat mich messen lassen.
Und wiegen, du wiegst 2685 Gramm.
Ist das nichts? Ich sage nur: Donnerwetter!
Woher kennst du das Wort denn?
Hat ein-Papa gesagt, als er das hörte.
Du Oma, bin ich jetzt groß genug?
Fast, du kannst gerne noch ein oder zwei Pfund zunehmen.
Fehlt mir das noch?
Sagen wir mal so, es wäre besser.

Für was?

Du würdest dann besser in deine Hosen passen. Ich habe übrigens das gleiche Problem, mir sind alle Hosen zu groß.

Dann solltest du auch ein oder zwei Pfund dicker werden. Oder warte bis ich geboren bin, dann schlüpfe ich einfach mit in deine Hosen und sie müsste passen.

Eine prima Idee – auf die Dauer aber sehr umständlich. Nee, zieh du lieber deine Hosen an und ich meine.

Also dicker werden.

Ja, ganz genau.

Gut, bin dabei. Wollen mal sehen, wer es als Erster von uns beiden schafft.

Bestimmt du.

Wieso?

Weil du ein Babymäuschen bist, die wachsen sehr schnell – Omas nicht.

Dann helfe ich dir, wenn ich geboren bin, ja?

Das ist nett von dir.

Und jetzt muss ich schlafen, Mama hat sich ins Bett gelegt und ich soll ruhig sein und nicht mehr strampeln. Gute Nacht, Oma.

Gute Nacht, Babymäuschen.

27. Februar

Hallo Babymäuschen.

Hallo Oma.

Wie geht es dir?

Bestens. Ich hab ganz toll geübt, kann prima atmen und schlucken.

Bist du auch noch gewachsen?

Na klar, mein Bäuchlein ist total dick. Ein-Papa meinte, ich wäre ein kräftiges Kerlchen. Was ist ein Kerlchen?

Ein kleiner Kerl.

Und was ist ein Kerl?

Ein starker Mann.

Dann bin ich ein kleiner starker Mann?

Ein sehr kleiner, ja.

Ist doch toll. Bist du auch stark?

Nö, nicht sonderlich.

Warum nicht?

Ich bin wohl zu dünn.

Hast du keinen dicken Bauch, so wie ich?

Nö, habe ich nicht.

Das solltest du aber.

Wieso denn?

Damit deine Mama stolz auf dich ist.

Meine Mama will aber gar nicht, dass ich einen dicken Bauch habe.

Das verstehe ich nicht.

Dann frag deine Uroma, wenn du geboren bist.

Das mache ich. Ich habe viel zu tun, wenn ich auf der Welt bin. Bis später, Oma.

28. Februar

Hallo Babymäuschen.

Hallo Oma. Wir haben Besuch und spielen Desssaa.

Aha, wer ist denn da?

Onkel Chrissan und Tante Jana.

Und was ist Desssaa?

Ich weiß nicht, aber Onkel Chrissan ist der Chef. Was ist ein Chef?

Das ist der, der alles bestimmt und alle müssen auf ihn hören.

Mama auch?

Ja.

Ich auch?

Nein, du spielst ja nicht mit.

Das ist gemein, ich will auch mitspielen.

Spiel doch mit deinem Wasser oder der Nabelschnur.

Das ist langweilig, das mache ich schon den ganzen Tag. Wollen wir Desssaa spielen?

Ja gern. Wer ist der Chef?

Ich.

Okay, was soll ich tun?

Öhm, ich weiß nicht …

Vielleicht ein Lied singen?

Au ja.

sing

Und jetzt du.

sing

Desssaa spielen macht Spaß.

Finde ich auch.

1. März

Hallo Babymäuschen.
Hallo Oma.
Weißt du, was ich heute gemacht habe?
Klar!
Oh. Und was?
Du hast eingekauft, weil Mama morgen Geburtstag hat.
Richtig. Woher weißt du das?
Hihi, hat Mama zu ein-Papa gesagt.
Schlingel!
Was ist ein Schlingel?
Ein kleiner Junge, der die Oma verulkt.
Verulkt?
Hm, veräppelt?
Veräppelt?
Schwierig …
Scheint mir auch so. Sag einfach, ist ein Schlingel was Nettes oder was Schlechtes?
Was Nettes.
Dann ist gut. Und jetzt muss ich schlafen, damit Mama und ich morgen fit sind.
Dann schlaf schön, Babymäuschen.
Gute Nacht, Oma.

2. März morgens

Guten Morgen, mein Babymäuschen.
Hallo Oma.
Deine Mama hat heute Geburtstag.
Hurra!
Ja, das ist ganz toll. Wir sollten ihr gratulieren.
Und wie soll ich das machen? Wo ich doch noch gar nicht geboren bin...
Wir können ihr ein Geburtstaglied singen.
Au ja. Wie geht das denn?
Pass auf, ich flüstere es dir ins Ohr und dann singen wir zusammen.
Gut.
flüsterflüster
Aha, aha, gut, wir können anfangen:
Oma und Babymäuschen:

Zum Geburtstag viel Freud'
wünschen alle wir heut'.
Glück und Segen allerwegen,
zum Geburtstag viel Freud'.

So ein schönes Lied. Woher kennst du das, Oma?
Aus einem Fix- und Foxi-Heft.
Was ist das denn? Ein Buch?
Fast so etwas wie ein Buch.
Kann ich das mal sehen, wenn ich geboren bin?

Nein, mein Schatz, das Heft gibt es nicht mehr. Ich habe es vor über fünfzig Jahren mal gehabt. Es ist längst irgendwo im Müll gelandet.

Wie schade.

Finde ich auch.

Hat Mama uns wohl gehört?

Bestimmt! Wenn auch nicht mit den Ohren, so doch mit ihrem Herzen.

Kommst du heute feiern?

Nein, erst am 8. März. So haben wir das verabredet. Und dann kommst du mit deiner Mama und deinem Papa und deiner anderen Oma und deinem anderen Opa zu mir.

Aha, hört sich gut an. Ich freue mich.

Ich mich auch. Bis später, Babymäuschen.

Bis später, Oma.

3. März

Hallo Babymäuschen.

Hallo Oma. Ich muss schon sagen, ich bin etwas enttäuscht von dir.

Oh, wieso das denn?

Du redest doch gar nicht mit mir. Mama sagte, dass du schon seit einigen Tagen krank bist und im Krankenhaus warst.

Ja, das stimmt.

Warum sagst du mir das denn nicht? Ich bin doch dein Enkelsohn. Ich hätte dich besucht.

Ach, du liebes Lieschen, nur das nicht.

Magst du mich nicht mehr?

Mein Schatz, ich will nicht, dass du und deine Mama sich anstecken. Bleibt ihr mal schön in Neuss.

Na gut, aber ich verstehe immer noch nicht, wie du mit mir reden kannst.

Ganz einfach, heute ist der 4.3. und ich schreibe nach.

Und das geht?

Klar, wenn man Schriftstellerin ist muss man das sogar können.

Toll, Oma, dann bin ich stolz auf dich.

Ich auf dich auch.

Wann bist du denn wieder gesund?

Nächste Woche.

Und Mamas große Geburtstagsparty?

Ist dann übernächste Woche. Länger können wir nicht warten, weil du ja bald fällig bist.

Aber dann wäre ich doch dabei, Oma!

Bist du doch so oder so.

Auch wieder wahr, Oma.

4. März

Hallo Babymäuschen.

Hallo Oma. Ist heute wirklich der 4. März?

Fast, mein Kleiner.

Du sag mal, ich möchte an Mamas Geburtstag schon gerne richtig dabei sein.

Glaub ich dir.

Kannst du den nicht in vier Wochen feiern? Dann bin ich bestimmt schon geboren.

Babymäuschen, was hättest du denn davon? Du kannst dann noch keinen Kuchen essen und keinen Kakao trinken, außerdem würdest du als Neugeborener die ganze Zeit nur schlafen und eh nichts mitkriegen von der Feier. Warte bis zum nächsten Geburtstag in einem Jahr.

Und dann? Kann ich dann Kuchen essen?

Klar! Dann bist du ja fast ein Jahr alt und kannst süße Milch oder Kakao bekommen und deine Mama füttert dich mit herrlicher Schokoladentorte und mit Nudelsalat und Frikadellen.

Und ich darf das schon essen?

Klar doch.

Und darf ich auch mitfeiern?

Aber natürlich! Du sitzt mitten unter uns und feierst und singst und lachst. Und wenn du müde wirst, machst du ein Schläfchen oben im Kinderbettchen.

Das hört sich ganz toll an. Dann denke ich, es ist besser, ich beeile mich nicht, sondern freue mich aufs nächste Jahr. Bis später, Oma

5. März mittags

So, mein liebes Babymäuschen, jetzt bin ich zeitlich wieder aktuell.

Dann ist heute der 5. März?

Ganz genau.

Wie lange dauert es noch bis ich geboren werde?

Noch 28 Tage.

Meine Güte ... weiß Mama das?
Natürlich. Es ist alles fertig – bis auf deinen Wickeltisch. Der Schreiner, der ihn anfertigen soll, meldet sich einfach nicht.
Der Schreiner ist aber doof.
Finde ich auch.
Was ist ein Wickeltisch?
Das ist ein recht hoher Tisch, auf den wirst du gelegt, wenn du eine frische Windel bekommst.
Warum denn das?
Ach, das erkläre ich dir später.
Und was passiert, wenn ich keinen Wickeltisch habe?
Dann wickelt Mama dich einfach woanders.
Ein Glück.
Hattest du schon wieder Befürchtungen?
Ja. Hast du auch einen Wickeltisch?
Nein.
Warum nicht?
Wenn du hier gewickelt werden musst, dann finde ich schon ein Plätzchen.
Wie viele Plätzchen hast du denn?
Ganz viele und ganz viele zum Essen.
Wie? Wickeltische kann man essen?
Quatsch.
Oma, Oma, also manchmal ...
Tja ja ... ach, ich muss noch ein Memory-Spiel kaufen.
Ja, vergiss das bloß nicht. Das spielen wir sofort.
Völlig klar.

Oh, Mama zieht eine Jacke an, wir gehen raus. Mal sehen, wohin sie mich heute wieder schleppt.
Viel Spaß, Babymäuschen.

6. März mittags

Hallo Babymäuschen, der Frühling ist da!
Hurra! Hurra! Was ist denn Frühling?
Eine Jahreszeit, die schönste Jahreszeit.
Und was ist da?
Dann singen die Vögelchen so schön.
Was sind denn Vögelchen?
Aber Babymäuschen, das weißt du doch!
Aber Oma, woher soll ich das denn wissen? Bin ich geboren? Nein.
Das weißt du schon, ihr habt welche in der Wohnung, Coco und Batida oder wie sie heißen.
Ach die ... ja, die kenne ich. Mensch, machen die oft einen Krach und wenn Mama sie fliegen lässt, wollen sie nicht wieder in den Käfig und kacken alles voll.
Hör mal, das sagt man aber nicht!
Ein-Papa schon!
Hm ...
Mama sagt dann: ‚Kacken muss jeder'.
Auweia ... und ich dachte, du würdest in einem gebildeten Haushalt aufwachsen.
Tu ich doch, Mama hat erst gestern ein Bild aufgehängt, ein neues Hochzeitsbild glaube ich.
So ein Bild meine ich nicht.
Was für Bilder meinst du dann?

...
Oma?
Kommen wir lieber wieder auf den Frühling zurück.
Gibt es von dem auch Bilder?
Sicher, Fotografien, Gemälde und Filme und so.
Kann ich mal sehen?
Schau dir den Frühling lieber in Original an.
Ist der noch da, wenn ich geboren werde?
Ja, du wirst die Vögelchen singen hören und den Blütenduft riechen können.
Unsere Vögelchen singen hören?
Ganz viele andere, die draußen leben.
Im Garten?
Klar, dort auch. Überall leben Vögel.
Ist ja toll ... wie viele Vögel gibt es denn?
Mindestens Hundert.
Weißt du das nicht genau?
Nein.
Sollten wir sie nicht mal zählen?
Machen wir.
Sobald ich geboren bin fangen wir an.
Babymäuschen, ich tue alles, was du willst ...
Brave Oma.
Ich übe schon mal bis tausend zu zählen und melde mich dann wieder.
Mach das, Oma.

7. März mittags

Oma, Oma, wo bleibst du denn?
Babymäuschen, es ist doch gerade erst Mittag.
Aber hier ist etwas los.
Was denn?
Hier knetet etwas an mir herum. Das ist schrecklich.
Kannst du das genauer beschreiben?
Natürlich! Hier knetet etwas an mir herum.
Aha.
Und etwas drückt mich nach unten.
Aha.
Das ist so was von ungemütlich.
Das denke ich mir.
Und das ein paar Mal am Tag. Weißt du, Oma, ich kann mich doch nirgendwo festhalten.
Kannst du nicht. Das werden Vorwehen sein.
Vor oder nach, das ist mir egal, aber was sind Wehen?
Kontraktionen.
Du, das habe ich mir gedacht.
Das wundert mich jetzt etwas ...
Da hat der Doktor kürzlich von gesprochen, daher weiß ich das.
Bist ein kluges Babymäuschen.
Jetzt geht das schon wieder los. Sag bitte der Mama, dass das ganz schrecklich für mich ist. Ich trete immer, aber es hört nicht auf.
Für Mama ist das auch nicht schön.
Auweia ... na, vielleicht wird es wieder aufhören.

Wenigstens für den Moment.

Sonst mache ich das nicht lange mit. Das hält ja kein Babymäuschen aus.

Was hast du denn vor?

Ich weiß auch nicht …

Dann überleg dir mal was. Bis später.

Bis später mal, Oma.

8. März

Hallo Babymäuschen, wie war dein Tag?

Hallo Oma. Prima war es heute. Wusstest du, dass ich eine Wiege habe?

Ja, hat deine Mama erzählt.

Die soll ja toll sein.

Das freut mich.

Aber ich bleibe doch hier, habe ich mir überlegt.

In einer Wiege zu liegen kann aber auch schön sein, Babymäuschen.

Tja, aber dann muss ich auch laufen lernen und so. Ich weiß nicht …

Gibt auch andere tolle Dinge …

Ach wo, hier ist es sooo gemütlich.

Wirst du nicht mehr durchgeknetet?

Nein, das war sicher nur Zufall gestern.

Meinst du?

Ich bin sicher.

Na dann …

Moment, wir essen gerade Wurscht. Lecker schmeckt die.

Wie schön.

Ein-Papa gibt Mama und mir gerade Senf und wir beißen in die Wurscht. Aua!

Was ist?

Hilfe, hier knetet wieder was. Wir wollen doch nur Wurscht essen.

Geht also doch weiter.

heul

Jetzt können Mama und ich nicht mehr weiter essen. Das ist ja furchtbar. Ah, endlich ist Ruhe.

Armes Babymäuschen.

Das kannst du wohl sagen. Ich verstehe das gar nicht. Ich glaube, ich verhalte mich mal ganz ruhig und bewege mich nicht.

Versuch das mal. Ich gehe dann, bis morgen, mein Kleiner.

pssst

9. März

Hallo Babymäuschen.

Hallo Oma.

Wie geht es dir?

Sehr schlecht. Ich werde hier wieder durchgeknetet und habe kaum noch Platz. Mit meinen Ärmchen stemme ich mich gegen meine Wand, aber das mag Mama gar nicht.

Es wird dir zu eng.

Nicht nur das, Mama kann schlecht atmen. Liegt das an mir?

Nein, das liegt an der großen Blutmenge, die durch ihre Adern fließt. Das geht vorbei.

Ein Glück. Wir können auch nicht mehr lange sitzen. Stell dir vor, mein Wasser geht dann in Mamas Beine.

Nein, nicht dein Wasser.

Nicht? Das wäre auch schrecklich.

Aber es war auch schön. Wir haben im Garten gesessen und den Vögelchen zugehört.

Ja, das Wetter war sehr schön.

Nun drückt es wieder so. Ich mag das gar nicht.

Dann komm halt bald zur Welt.

Nein, ich will bei Mama bleiben.

Bleibst du doch, wenn du geboren bist, kannst du in Mamas Armen liegen.

Das klingt gut.

Und in Papas, und in meinen.

Hört sich wirklich nicht schlecht an.

Dann gute Nacht, Babymäuschen, schlafe schön.

10. März

Hallo Babymäuschen.

Hallo Oma. Du, uns geht es nicht so gut.

Was ist denn los?

Nun, ich werde geknetet und wenn ich mich gegen meine Wand stemme, damit ich mehr Platz habe, dann beschwert sich die Mama. Weißt du, was ich machen kann?

Ach, Babymäuschen, das gibt sich von selbst.
Und wann?
In drei Wochen.
Habe ich dann wieder genug Platz?
Jede Menge, ein Bettchen für dich alleine, eine Wiege für dich alleine, einen Kinderwagen für dich alleine ...
Und wenn ich immer weiter wachse und Bettchen, Wiege und Kinderwagen zu klein werden?
Dann kaufen deine Eltern ein größeres Bettchen und einen größeren Kinderwagen.
Das ist aber lieb.
Nicht wahr? Du siehst, du brauchst dir gar keine Sorgen zu machen.
Gut, dann lutsche ich jetzt am Daumen. Das Dumme ist nur, dabei schlafe ich immer ein. Komisch, nicht wahr?
Ja, sehr komisch. Ich wünsche dir eine gute Nacht.
Gute Nacht, Oma.

11. März mittags

Hallo Babymäuschen, was machst du so?
*Hallo Oma, ich singe *lalala**
Ein-Papa meint, ich könnte nicht singen, weil ich ja unter Wasser bin. So ein Quatsch.
Finde ich auch, wir haben doch schon so schön zusammen gesungen.
Ja, als Mama Geburtstag hatte.
Ich habe auch gerade gesungen und Musik gemacht.

Wie denn?
Gitarre und Keyboard gespielt.
Wie geht das?
Nun, ein Keyboard hat Tasten und die muss man drücken.
Drücken kann ich.
Und eine Gitarre hat Saiten, die muss man zupfen.
Was ist zupfen?
An etwas ziehen.
Kann ich auch, ich ziehe immer an meiner Schnur.
Na bitte, dann wirst du auch mal toll Musik machen können.
Haben wir ein Keyboard und eine Gitarre?
Nein.
Warum nicht?
Ich glaube, dein Papa hat eine Blockflöte.
Und wenn ich drücken und zupfen möchte?
Kommst du zu mir in mein Musikzimmer.
Au ja.
Und auch zu deiner Oma Maria, die spielt Geige.
Mit drücken und zupfen.
Nein, eine Geige streicht man.
Ist ja toll. Und was macht man mit einer Blockflöte?
Pusten.
*Kann ich auch, schau mal *puuust**
Dann steht deiner Musikerkarriere nichts im Wege, Babymäuschen.
Werde ich Musiker?

Vielleicht.
Bist du ein Musiker?
Ja, auch.
Dann werde ich das auch.
Ich sage es deiner Mama.
*Mach das und jetzt über ich schon mal: *puuustdrückstreichzupf**
Dann kommst du als perfekter Musikus zur Welt. Viel Spaß beim Üben, Babymäuschen, bis später.
Bis später, Oma.
puuustdrückstreichzupf

12. März mittags

Hallo Babymäuschen.
Hallo Oma, wo bist du?
Bei mir zu Hause, und du?
In der Stadt, Mama und ich kaufen eine neue Kaffeemaschine.
Aha ja, die alte ist gestern kaputt gegangen.
Das war der Mama ganz schrecklich peinlich, so konnte sie dir keinen Kaffee machen.
War nicht so schlimm.
Klar, ich habe ja auch keinen bekommen.
Babymäuschen, du bist doch noch viel zu klein.
Pah, hast du nicht gesehen, wie ich gewachsen bin?
Doch, habe ich.
Na, siehst du.

Ja, gut, aber für Kaffee bist du trotzdem viel zu klein. Fang erst mal mit Milch an.

Trinkst du auch Milch?

Ja, im Kaffee.

Dann fange ich mit Milch an, abgemacht. Hast du meinen Wickeltisch gesehen? Ist der toll?

Der ist super, Babymäuschen.

Und meine Wiege?

Auch klasse. Ist alles bereit für dich.

Ich mag aber noch nicht, ist so gemütlich hier, besonders wenn Mama mit mir unterwegs ist.

Dann genieße die Zeit, sie dauert nicht mehr lange.

Ich muss los, Mama ist fertig und lässt sich die Kaffeemaschine einpacken.

13. März

Hallo Babymäuschen, bist du noch wach?

gähn

Hallo Oma, nicht mehr so ganz. Mama und ich waren heute wieder bei den Hababam. Das war so schön da, wir wollten gar nicht mehr weg. Warum gehen wir nicht dahin? Ich will nicht ins Krankenhaus, bin doch nicht krank.

Im Krankenhaus sind mehr Ärzte, die im Notfall schnell helfen können.

Wenn ich geboren werde ... das ist doch kein Notfall, Oma!

Nö, aber für den Fall, dass ... und weißt du, im Krankenhaus sind alle bestimmt genauso nett und lieb wie die Hebammen es sind.

Woher willst du das wissen? Warst du schon mal im Krankenhaus?

Klar, deine Mama ist dort geboren und alle waren so freundlich zu uns. Wir haben uns sehr wohl gefühlt.

Aha, weiß die Mama das?

Nicht direkt, weil sie noch zu klein war, aber ich habe es ihr erzählt.

Und das war wirklich so?

Natürlich! Ich habe noch Fotos davon, die kannst du dir später ansehen.

Na gut, dann ist es im Krankenhaus vielleicht wirklich nicht so schlecht.

Bestimmt nicht und ihr seid sowieso nur zwei oder drei Tage dort, dann geht es schon nach Hause.

*Nach Hause, hurra! *gähn**

Dann schlaf jetzt mal, Babymäuschen. Gute Nacht.

14. März morgens 10 Uhr

Hallo Babymäuschen.

Hallo Oma. Wir sind unterwegs! Das ist ganz toll.

Oh, wo seid ihr denn?

Ich glaube in der Stadt oder so. Mama, ein-Papa und ich müssen tüchtig einkaufen. Mama meint, wir sollten Foffat haben. Was ist Foffat?

Meinst du vielleicht Vorrat?

Kann sein. Was ist das denn?

Alles möglich ... Essen und Trinken, damit der Kühlschrank voll ist und deine Mama in den nächsten Tagen nicht unbedingt aus dem Haus muss.

Ah so, ich glaube, ein-Papa kauft gerade Wurscht.

‚Wurst', Babymäuschen. Das heißt ‚Wurst'.

Ist doch egal. Mama kauft Milch und Gemüse.

Sehr gesund.

Bin ich auch gesund?

Aber ja.

Jetzt machen wir ein Päuschen, weil Mama müde ist. Ich bin auch müde. Ein-Papa soll der Mama Kaffee und ein Brötchen holen. Was kriege ich denn?

Später bekommst du sicher auch ein Brötchen, wenn ihr zusammen einkaufen geht, oder ein Hörnchen, oder einen Kakao.

Juchhu! Gehst du heute auch einkaufen?

Ja, mittags, mit Opa.

Bekommst du dann auch einen Kaffee?

Immer! Opa und ich trinken immer Kaffee, wenn wir unterwegs sind. Wenn du später mal dabei bist, bekommst du Kakao.

Mama und ein-Papa brauchen mich aber doch, wie kann ich da mit euch einkaufen gehen?

Das wird schon gehen, glaube es mir.

Na gut. Oh, wir gehen weiter. Tschüss Oma, ich muss helfen.

Tschüss, mein tüchtiges Babymäuschen.

15. März morgens ganz früh

Hallo Babymäuschen.

Hallo Oma. Heute war es aufregend!

Was war denn los?

Eigentlich wollten Mama, Ein-Papa und ich zum Ostermarkt und ich hatte mich schon so gefreut. Was ist ein Ostermarkt?

Da kann man Sachen für Ostern kaufen, wie bunte Ostereier, Dekorationen, Schokoladenhasen oder so.

Oh, ich möchte gerne einen Schokoladenhasen haben.

Bekommst du zum nächsten Osterfest von mir.

Versprochen?

Versprochen.

Wir wollten also zu diesem Markt, als es an der Tür klingelte.

Und wer kam?

Mamas Freundinnen. Sie stürmten herein und riefen: „Überraschung!"

Dann haben sie eine Babyparty gemacht.

Und war es schön?

Und wie! Jetzt haben wir einen Elefanten aus Windeln. Dazu gab es Kuchen und alhoholsekt.

Wie? Ach, du meinst sicher alkoholfreien Sekt.

Ja genau. Und ein-Papa hat alles gewusst. Das war lustig.

Dann war es ein schöner Tag für euch.

Ja, einfach super. Aber jetzt sind Mama und ich sooo müde.

Dann geht mal schlafen. Gute Nacht.

Gute Nacht, Oma.

16. März

Hallo Babymäuschen.

Hallo Oma. Du schau mal, mein Bäuchlein ist schon wieder dicker geworden. Ich glaube, ich werde jeden Tag größer.

Ja, das ist so. Prima machst du das.

Ich mache doch gar nichts, außer am Daumen zu lutschen, atmen und trinken zu üben und so.

Trotzdem toll. Wirst ein richtig kräftiges Baby, wenn du auf der Welt bist.

Ich will meiner Mama gefallen.

Das wirst du. Was habt ihr heute gemacht?

Wir haben nach einer Lampe geschaut, für meinen Wickeltisch. Was ist eine Lampe?

Das ist etwas, womit man Licht macht, wenn es dunkel ist.

Aha, dann ist mein Wickeltisch dunkel? Dann kann Mama mich ja gar nicht sehen.

Die Lampe für deinen Wickeltisch soll aber eine Wärmelampe sein, damit du nicht frierst.

Och, das ist ja wieder so lieb von Mama. Aber sag ihr doch, dass ich nie friere.

Ach, Babymäuschen, wenn du geboren bist und auf der Welt bist kannst du schon frieren. Hier draußen ist es nicht so warm wie in dem Bauch deiner Mama.

Nicht? Oh ... aber ich habe ja dann die Lampe.

Habt ihr denn eine bekommen?

Ich glaube nicht.

Mama wird schon noch eine finden.

Ich hoffe es mal. Hast du auch eine Lampe zum Wärmen?
Nein, aber deine Uroma hat eine für ihren Rücken.
Echt? Dann kann sie mir die doch geben, oder?
Klar.
Problem gelöst, sag das bitte der Mama.
Mach ich.
gähn dann schlafe ich jetzt mal. Es ist echt anstrengend, mit Mama unterwegs zu sein.
Gute Nacht, schlaf schön.
Gute Nacht, Oma.

17. März

gähn
Hallo Oma, bist du so müde?
Ja, ich habe heute viel im Garten gearbeitet.
Mama und ich waren auch im Garten, aber wir haben nicht gearbeitet.
Muss ich das, wenn ich geboren bin?
Nein, du darfst den ganzen Tag spielen.
Und was kann ich im Garten spielen?
Vielleicht mit einem Ball oder Laufspiele spielen.
Was macht man mit einem Ball?
Werfen, mit dem Fuß treten und so.
Aber ich habe gar keinen Ball.
Dann schenke ich dir einen.
Hast du einen Ball?

Irgendwo in meinem Gartenhaus muss noch einer sein.

Ich wünsche mir einen Ball mit Sternen.

Wie kommst du denn auf Sterne?

Meine Wickelauflage ist mit Sternen, hat Mama extra für mich gekauft.

Ich mag Sternenmotive auch sehr, dann schaue ich mal, ob ich einen Sternenball für dich finde.

Ja, mach das, aber beeile dich, ich werde bald geboren.

Gut, ich beeile mich.

Hoffentlich.

So eilig wird es nicht sein …

Doch!

Schon gut, wenn du auf der Welt bist, liegt ein Ball für dich bereit.

Kann ich mich darauf verlassen?

Traust du deiner eigenen Oma nicht?

Doch.

gähn

Oma, du solltest schlafen. Gute Nacht!

Gute Nacht, mein Babymäuschen.

18. März mittags

Hallo Babymäuschen.

Hallo Oma, kommst du heute?

Ja, um fünf Uhr bin ich da.

Ein Glück!

Was ist denn los?

Du kannst der Mama helfen. Im Garten ist sooo viel zu tun und sie kann sich nicht mehr bücken, weil ich so groß bin. Ich weiß zwar, dass mein Bäuchlein immer dicker wird, aber dass es so dick ist, habe ich nicht geahnt.

Das ist aber genau richtig so.

Aber Mama kann nicht mehr arbeiten, was soll daran richtig sein?

Ist richtig und bald vorbei, noch zwei Wochen und du bist da. Wenn deine Mama sich dann erholt hat, kann sie wieder tüchtig arbeiten.

Aber was machen wir jetzt?

Nichts, einfach abwarten und deinen Papa den Garten machen lassen.

Und du hilfst auch?

Klar!

Ich will auch helfen.

Später, mein Babymäuschen, wirst du bestimmt prima helfen können.

Hast du auch Hilfe?

Ja, Opa arbeitet fleißig im Garten.

Ich helfe dir später auch, Oma.

Das ist lieb, Babymäuschen. Bis nachher, tschüss.

Bis nachher, Oma.

19. März morgens

Oma, Oma, bist du wach?

gähn was gibt es denn?

Habt ihr nicht gestern von meinem Zimmer gesprochen und dass ich einen fernen Himmel bekomme? Warum ist der denn so weit weg?

Wie? Was? Ein ferner Himmel? Was soll das denn sein?

Hat Mama gesagt.

Hm ... ach, du meinst den Sternenhimmel.

Weiß nicht. Also was ist das denn?

Dein Papa hat eine Wand von deinem Zimmer blau gestrichen und da kommen noch weiße Sterne drauf. Dann ist über deinem Bettchen ein Sternenhimmel.

Toll!

Finde ich auch.

Hast du auch Sterne in deinem Zimmer?

Oh ja, ich habe eine Sternengardine, Sternenvorhänge und eine Sternen-Nachttischlampe, die leuchtet ganz wunderbar.

Toll, dafür habe ich eine Sternenwickelauflage und du nicht.

Ha, aber ich habe einen roten Sternenpullover und eine blaue Sternenhose.

Pöh! Kriege ich bestimmt, wenn ich geboren bin. Oder gibt es die nicht für Babymäuschen?

Doch natürlich.

Sag der Mama bitte, dass ich einen roten Sternenpullover haben möchte und eine Sternenhose.

Sag ich ihr und wenn ich beim Shoppen etwas mit Sternen für Babymäuschen sehe, kaufe ich das für dich. Gut so?

Ganz prima.

So, jetzt will ich mal frühstücken. Tschüss, bis später.

20. März morgens 10 Uhr

Hallo Babymäuschen.

Hallo Oma. Hast du schon gehört? Die Mama wird dunkel.

Aber Babymäuschen, doch nicht die Mama. Wir haben gerade eine Sonnenfinsternis und draußen wird es dunkel.

Mama ist doch die Sonne.

Für dein Herzchen, aber die Sonne, von der hier die Rede ist, ist unser Stern. Der macht es hier auf der Erde schön warm und lässt die Blumen blühen.

Ach so. Die Sonne ist ein Stern, wie schön! Ich liebe Sterne.

Ich auch.

Und wir haben einen eigenen?

Ja.

Weiß Mama das?

Natürlich.

Boah, ist meine Mama schlau.

Und wie!

Und unser Stern wird dunkel?

Genauer gesagt, schiebt sich der Mond vor die Sonne und so erreichen uns die Strahlen nicht.

Was ist denn der Mond? Auch ein Stern?

Nein, der Mond ist kein Stern, sondern ein Trabant, ein Begleiter unserer Erde. Er ist sehr schön, leuchtet in der Nacht und die Menschen lieben ihn.

Ich würde ihn gerne einmal sehen.

Klar, wirst du auch.

Ich glaube, die Welt ist sehr spannend, Oma.

Ja, du wirst sehr viel erleben, wenn du geboren bist.

Ich freue mich darauf.

Und ich freue mich auf dich. Bis später mal, Babymäuschen.

21. März morgens ganz früh

Hallo Oma, bist du schon wach?

Hallo Babymäuschen, ja, bin ich. Warum?

Ein-Papa, Mama und ich liegen gemütlich im Bett und sprechen über meine Zukunft. Was ist meine Zukunft?

Das Später, Babymäuschen. Was später mal sein wird mit dir. Welche Schule wohl für dich die richtige wäre und welcher Kindergarten und so.

Und darüber müssen die beiden reden? Das ist doch noch so lange hin.

Eltern machen sich eben so ihre Gedanken.

Hast du das auch gemacht?

Sicher. Ich habe auch überlegt, auf welche Schule ich deine Mama schicke und so.

Hm, dann ist das also ganz lieb von ihnen, ja?

Ja.
Ich habe mir auch etwas für die Zukunft überlegt.
Und was?
Dass ich ein-Papa jetzt Groß-Fürchti nenne.
Wie kommst du denn darauf?
Nun, Mama und du nennt mich doch immer Klein-Fürchti. Ja, ich weiß, aus Spaß. Und ein-Papa ist mein Papa und groß, also Groß-Fürchti.
Verstehe. Da hast du dir ja was Tolles überlegt.
Nicht wahr? Aber jetzt gehen wir hinunter in die Küche und frühstücken. Tschüss Oma.
Tschüss Babymäuschen.

22. März

Hallo Babymäuschen.
Hallo Oma.
Wie geht es dir?
Ach, ich weiß nicht. Es drückt, zieht und quetscht mich immer wieder. Ich weiß nicht, was ich davon halten soll.
Babymäuschen, halte aus.
Und dann konnte ich heute auf einmal nicht mehr laufen, als Mama, Groß-Fürchti und ich spazieren gingen.
Du? Du kannst doch noch gar nicht laufen. Meinst du die Mama?
Das ist egal, Mama und ich sind eins.
Ah ja ... und deiner Mama fiel das Laufen schwer. Das tut mir leid.

Das war doof. Mama setzte sich auf eine Bank und ein-Papa holte das Auto und uns ab.

Das hat er gut gemacht.

Ja, finde ich auch. Wir fuhren dann aber nicht nach Hause, sondern es wurde sehr kalt.

Hat es geschneit?

Nein, ein-Papa ging mit uns ins Eis-Café und dort war das Eis so kalt.

Aber sicher lecker, oder?

Oh ja! Ich möchte später ganz viel Eis essen wenn ich geboren bin.

Das wirst du auch.

Oh nein, jetzt geht das Gequetsche schon wieder los. Ich möchte meine Ruhe haben und schlafen, sonst ziehe ich bald aus.

Eine gute Idee!

Findest du?

Ja.

Und was wird Mama dazu sagen?

Ich wette, sie findet das auch gut.

Dann werde ich da mal ernsthaft drüber nachdenken.

Tu das und schlaf heute Nacht schön, mein Babymäuschen.

Gute Nacht, Oma. Bis bald.

23. März mittags

Hallo Babymäuschen. Ihr hattet heute einen Termin beim Arzt?

Hallo Oma. Ich weiß nicht, Mama ist mit mir zum Ullalal gegangen.

Zum Ultraschall.

Kann sein. Hat sie mich auch messen lassen?

Nein, und es wurde auch kein Ultraschallbild gemacht.

Warum nicht?

Weil du zu groß bist.

Hurra!

Ja, du bist jetzt groß genug, um auf die Welt zu kommen. Wie geht es dir denn sonst so?

Schrecklich!

Warum das denn? Beim Arzt war doch alles in Ordnung.

Ich weiß nicht, aber Mama und ich haben kaum geschlafen. Drehte sie sich auf die eine Seite, quetschte sich mein Füßchen ein und ich wollte auf die andere Seite und drehte ich mich auf eine Seite, stöhnte Mama und drehte sich andersherum. Es war schrecklich.

Ja, das glaube ich, aber das ist ja bald vorbei.

Hoffentlich. Mama hat so schlechte Laune und ich erst!

Auweia …

Ja, gar nicht schön.

Geht doch ein wenig in den Garten, das Wetter ist so schön und die Vögelchen singen.

Waren wir schon, hat es auch nicht besser gemacht.
Hm ...
Hast du sonst keine Idee?
Hm ... soll ich kommen?
Au ja!
Mit Kuchen?
Jaaa! Bitte komm!
Mach ich. Ich warte nur noch auf Mamas SMS.
Bis später Oma.
Bis später, Babymäuschen.

24. März mittags

Hallo Babymäuschen, wie geht es dir heute?
Bestens, Oma. Nur wird es hier immer enger und es drückt und zieht an mir. Mama klagt auch so.
Das tut mir leid, aber es ist bald vorbei.
Weißt du, wann ich geboren werde?
Nein, da kann ich nur raten. Weißt du es nicht?
Nicht genau, aber lange dauert es nicht mehr.
Das denke ich auch.
Und wie ist das dann? Was geschieht dann mit mir?
Sobald du geboren bist, wirst du deiner Mama auf den Bauch gelegt und sie kann dich streicheln. Dein Papa wird dich auch streicheln.
Prima. Und dann?
Dann wirst du von einer netten Hebamme gebadet und von einem Arzt untersucht, ob es dir gut geht.
Und wenn nicht?

Dann bekommst du Medizin.
Hat Mama damals Medizin bekommen?
Nein, nur etwas Sauerstoff. Hat ihr gut getan.
Dann will ich auch Sauerstoff.
Wenn du den brauchst, wirst du ihn bekommen.
Hast du auch Sauerstoff bekommen?
Ja, und er hat mir gut getan.
Was ist denn Sauerstoff?
Luft zum Atmen.
Ja, du meine Güte, gibt es denn keine Luft zum Atmen im Krankenhaus?
Doch sicher, aber Sauerstoff ist halt besonders reine Luft, die …
… einem gut tut, hab ich schon verstanden.
Und was passiert dann?
Dann wird das Licht gedämpft und du, Mama und Papa macht es euch gemütlich. Hebamme und Arzt bleiben in der Nähe und schauen immer wieder nach euch. Nach ein oder zwei Stunden dürft ihr dann auf euer Zimmer. Ihr habt ein Familienzimmer, dein Papa darf dort auch schlafen.
Toll.
Im Zimmer wird es sicher gemütlich sein, Papa wird etwas zum Essen und zum Trinken holen.
Für mich auch?
Du bekommst Milch.
Klingt alles sehr gut. Ich überlege mir noch, ob ich geboren werden will oder nicht.
Mach das, mein Babymäuschen. Bis morgen.

Bis morgen, Oma. Und dann erzählst du mir, wie es weitergeht.

25. März mittags

Hallo Babymäuschen.

- - -

Babymäuschen?

- - -

?

Mama und ich sind eingeigelt. Also lass uns bitte in Ruhe.

Okay.

Was ist eingeigelt?

In sich zusammengezogen sein. Was ist denn los?

Keine Ahnung, ich vertreibe mir die Zeit und lutsche am Daumen, bis wir nicht mehr eingeigelt sind. Und was machst du?

Arbeiten. Ich mache das, was eine Schriftstellerin so tut ... schreiben, Dateien verschicken und so.

Aha, klingt auch nicht gerade spannend.

Na, bei euch steppt aber auch nicht gerade der Bär ...

Ein-Papa meinte heute, als wir frühstückten, es wäre die Ruhe vor dem Sturm. Was ist ein Sturm?

Starker Wind.

Wind? In unserem Haus?

Ist nur so eine Redensart, aber das Wetter soll tatsächlich schlecht werden. Es soll viel Wind und

Regen und vielleicht sogar Schnee kommen. Da braucht man einen Schirm.

Uiii, habe ich einen Schirm?

Mama und Papa haben einen.

Ein Glück. Oh, ich muss aufhören mit dir zu reden und weiter mit Mama eingeigelt sein. Bis später, Oma.

Bis später, Babymäuschen.

26. März

Hallo Babymäuschen.

Endlich, Oma! Nun erzähle, wie es weitergeht.

Aha, also nicht mehr eingeigelt? Gut. Also, ihr seid dann gemütlich in dem Familienzimmer und lasst es euch gut gehen. Mama und Papa telefonieren sicher und sprechen ab, wann Besuch kommen soll. Und wenn es passt, dann kommen Opa und ich.

Und dann?

Beglückwünschen wir deine Mama und deinen Papa und nehmen sie in den Arm.

Und dann?

Schauen wir uns dich an und wenn wir dürfen, nehmen wir dich in den Arm und knuddeln dich.

Toll. Und dann?

Kommen bestimmt Oma Maria und Opa Josef und machen genau dasselbe.

Und dann?

Kommen die Onkel und machen genau dasselbe.

Alle knuddeln mich?

Ja, wenn deine Mama es erlaubt.

Meine Güte, warum soll ich denn so viel geknuddelt werden?

Weil wir dich lieb haben.

Aber ihr kennt mich doch gar nicht.

Das macht nichts.

Hm ... hoffentlich gefalle ich euch.

Bestimmt. Hoffentlich gefalle ich dir.

Aber Oma, bestimmt!

Na dann, kann ja nichts schief gehen.

Denke ich auch. Bis später, Oma, ich will noch ein wenig schlafen bis ich zur Welt komme.

Gute Nacht, Babymäuschen.

27. März morgens

Hallo Babymäuschen. Was machst du gerade?

Hallo Oma, ich liege mit Mama auf der Couch. Wir haben es sehr gemütlich.

Das ist ja schön.

Und was machst du?

Schreiben, Hausarbeit und heute Nachmittag mit Opa Kaffee trinken gehen. Wir haben heute Hochzeitstag.

Was ist Hochzeitstag?

So etwas Ähnliches wie Geburtstag. Man feiert den Jahrestag der Hochzeit. Bei uns ist es der 35.

Was ist denn Hochzeit?

Da versprechen sich zwei Menschen, für immer zusammen zu bleiben. Oft geht man in die Kirche, trägt schöne Kleidung, hat viele Gäste und feiert.

Und meine Mama und mein Papa?

Hatten eine wunderschöne Hochzeit.

Woher willst du das denn wissen ...

Tja, ob ich wohl dabei war?

Warum denn?

Mein Güte, Babymäuschen, weil ich die Mama deiner Mama bin.

Und wenn ich Hochzeit mache?

Werde ich sicher auch dabei sein – wenn du mich einlädst ...

Das mache ich ganz bestimmt, Oma.

Dann freue ich mich jetzt schon auf deine Hochzeit, Babymäuschen. Bis später.

Bis später, du Hochzeitstag-Oma.

28. März morgens

Hallo Babymäuschen.

Hallo Oma, ich bin noch nicht da.

Nicht?

Nein, aber Oma Maria war gestern da. Das war schön! Sie hat uns ein Buch mitgebracht, darüber, wie ich schlafen soll. Als wenn ich das nicht könnte!

Schlafen?

Ja! Dass es darüber Bücher gibt, wundert mich schon. Ist doch kinderleicht.

Nicht immer. Viele Menschen haben Probleme mit dem Schlafen.

Du auch?

Ja, manchmal schon.

Kleiner Tipp, Oma: Augen zu und Däumchen in den Mund.

Danke für den Tipp, aber statt Däumchen nehme ich doch liebe warme Milch mit Honig.

Uiii, möchte ich auch gerne haben, das klingt total lecker.

Kriegst du bestimmt später, wenn du mal nicht schlafen kannst.

Ich kann immer schlafen, jetzt gerade werde ich sooo müde. Gute Nacht, Oma.

Gute Nacht, mein Babymäuschen.

spät in der Nacht

Oma, Oma, wach auf!

gähn was ist denn los? Kommst du zur Welt??

Nein, das nicht, aber dieser ein-Papa hat mein Kinderzimmer aufgebaut. Ich habe jetzt einen großen Schrank für alle meine Strampelhöschen und ein richtiges Kinderbett.

Toll. Opa hat das Zimmer heute mit deinem Papa zusammen abgeholt. Dann hat dein Papa es also schon aufgebaut. Ich freue mich. Dann kannst du ja auf die Welt kommen, alles ist bereit.

Das sagt ein-Papa auch.

Siehst du. Alle warten auf dich.

Ich ja auch.

Du wartest auf dich?

Wenn alle auf mich warten, dann warte ich ja wohl auch, oder? Sonst wären es nicht alle.

Meine Güte, der Sohn seiner Mutter. Sehr mathematisch, mein Babymäuschen. Und du hast völlig Recht.

Siehst du, Oma.

Ja, darf ich jetzt weiterschlafen?

Klar! Bis morgen, Oma.

Bis morgen, Babymäuschen.

29. März

Hallo Babymäuschen.

Hallo Oma. Ich bin total nevjös.

Du meinst sicher nervös, oder?

Ganz egal, ich bin es aber. Weißt du warum?

Wegen deiner bevorstehenden Geburt oder wegen dem Sturm draußen?

Ja, ganz genau.

Was denn nun …

Ich weiß nicht, ich versuche zu strampeln und Mama hält meine Beinchen fest. Da soll man nicht nevjös werden als Babymäuschen.

Ich komme nicht ganz mit, wovon redest du?

Von meiner Mataratataze.

Vielleicht Matratze?

Die in mein Kinderbett kommt, ja.

Babymäuschen, kann es sein, dass du etwas durcheinander bist?

Ich? Nein! Du vielleicht.

Hm … wie geht es denn deiner Mama?

Sie ist unruhig. Das bin ich ja zum Glück nicht.

Du, unruhig und nervös sein ist dasselbe.
Ach wo.
Hm ... was macht denn dein Papa?
Der baut noch meinen Schrank auf.
Ist er auch nervös oder unruhig?
Nö.
Ein Glück.
Ich will nicht nevjös sein, Oma.
Soll ich dir ein Schlaflied singen, damit du einschlafen kannst?
Auja.
Okay:

> Mond und Sterne leuchten hell,
> alle Schäflein ruh'n.
> Maus und Hase schlafen schnell
> Da solltest du auch tun.

Hat dir das Lied gefallen?
Babymäuschen?
Ich glaube, es hat gewirkt. Schlaf schön, mein Kleiner.

30. März mittags

Hallo Babymäuschen. Ich bin ganz zerzaust.

Hallo Oma. Was ist denn zerzaust?

Meine Haare fliegen wild umher. Ich war draußen und es hat heftig gestürmt. Beinahe wäre ich weggeweht worden.

Du musst dich festhalten, Oma. Das mache ich auch immer, wenn es zu sehr schaukelt. Dann halte ich mich an meiner Schnur fest.

Ich habe aber keine Schnur.

Arme Oma ... warum hat es denn so gestürmt?

Nun, wir haben einen Frühjahrssturm, da geht es ordentlich zur Sache.

Oha, dann bleibe ich lieber noch ein bisschen in Mamas Bauch.

Ist sicher gemütlicher, mein Kleiner. Aber warte nicht zu lange, sonst verpasst du dein Ostergeschenk.

Okay, Oma. Das will ich nicht.

Bis später, mein Babymäuschen.

Bis später, Oma.

31. März

Hallo Babymäuschen.

Hallo Oma.

Das war ja ein Tag heute ...

Ja, ganz wunderbar! Mama und ich waren den ganzen Tag im Garten. Die Sonne schien und die Vögelchen haben gesungen und es war herrlich warm.

Babymäuschen!

Ja, Oma?

Was erzählst du da? Es war kalt, es hat geregnet und gehagelt, aber das Schlimmste war der Sturm, der über das ganze Land hinweg gefegt ist.

Ach, wirklich?

Ich glaube, du hast geträumt.

Kann sein …

Geträumt von der Zukunft, wenn du geboren bist und Sommer ist.

Kann sein …

Ich verstehe dich.

Ja?

Ich glaube, jeder versteht dich. Alle Menschen sehnen schönes Wetter und den Sommer herbei.

Mama hat viel aus dem Fenster gesehen und mir erzählt, wie es draußen ist.

Dann seid ihr also schön zu Hause geblieben.

Ja, und das war doof.

Tja, das ist wohl so. Aber das geht vorbei. In ein paar Tagen soll das Wetter besser werden. Wenn du dann zur Welt kommst, wird dich die Sonne begrüßen. Es sei denn, du erscheinst in der Nacht, aber dann steht der Mond als Vollmond am Himmel und lacht dir zu.

Hört sich prima an. Dann träume ich mal davon.

1. April

Hallo Babymäuschen.

Hallo Oma.

Wie geht es dir?

Ganz gut. Stimmt es, dass ich morgen Termin habe?
Ja.
Lässt Mama mich da messen?
Nein, du sollst morgen geboren werden.
Oha, muss ich?
Ach wo, ist nur so ein Anhaltspunkt.
Dann muss ich mich also nicht beeilen?
Nein, du kannst dir Zeit lassen.
Aber ich verpasse mein Ostergeschenk, oder?
Ist ja noch nicht soweit.
Ich mag auch noch gar nicht. Nur manchmal, wenn es so drückt.
Denk an etwas anderes, Babymäuschen.
Ja, gut. Heute war es lustig, Oma.
Was war denn so lustig?
Wir haben einen Film geguckt und gelacht. Da hat Mamas Bauch gewackelt und mein Bäuchlein auch.
Das hat sicher ulkig ausgesehen.
Dann haben wir ein Brötchen gegessen und Tee getrunken. Und dann wieder einen Film geschaut. Das war ein Film mit einem Babymäuschen.
Hab ich heute auch gesehen.
Mehr weiß ich nicht ...
Ich auch nicht, mein Schatz. Dann sag ich dir mal gut Nacht.
Gute Nacht, Oma.

2. April mittags

Hallo Babymäuschen.
Hallo Oma, heute habe ich Termin.
Ja, weiß ich.
Ich komme aber noch nicht. Das sagen die Hababam, bei denen wir heute waren.
Hab ich schon gehört. Die Hebammen meinten, es könne noch etwas dauern.
Ich mag halt noch nicht von Mama weg.
Ist doch in Ordnung. Niemand sagt, du sollst dich beeilen.
Aber ich habe gehört, ich trödele. Stimmt das denn?
Wenn du trödelst, dann habe ich auch getrödelt. Ich bin auch nach meinem Termin geboren.
Was ist denn trödeln?
Sich Zeit lassen und das ist wirklich nicht schlimm.
Verpasse ich meine Ostergeschenke?
Nur eines.
Oh je …
Macht nichts, du bekommst es halt später.
Dann ist ja gut. Was bekomme ich denn?
Von der Uroma einen Hasen aus Plüsch.
Meinst du, den mag ich?
Und wie!
Und was bekomme ich von dir?
Eine Überraschung.
Hurra! Kann ich die haben, obwohl ich noch nicht geboren bin?
Ja, gerade dann.

Das ist ganz toll, Oma.

Finde ich auch, Babymäuschen.

Gut, Oma, dann träume ich jetzt mal von meiner Überraschung.

3. April

Hallo Babymäuschen.

Hallo Oma.

Weißt du was? Ich werde unsere Gespräche vermissen, wenn du geboren bist und dieses Buch fertig ist.

Können wir nicht einfach weiter sprechen?

Nein, dieses Buch handelt von einem Ungeborenen.

Und wenn ich geboren bin, dann bin ich geboren und nicht mehr ungeboren.

Genau richtig und daher ist mit dem Augenblick deiner Geburt das Buch zu Ende.

Finde ich auch traurig, Oma. Aber können wir dann nicht richtig miteinander reden?

Nein.

Warum nicht?

Weil du dann noch nicht sprechen kannst.

Was kann ich denn?

Lächeln.

Dann lache ich dich an, Oma.

Und ich lache zurück, Babymäuschen. Eine perfekte Unterhaltung.

So machen wir das.

Ja. Und jetzt schlaf schön.

Gute Nacht, Oma.

4. April

Hallo Babymäuschen.

Hallo Oma. Ich habe heute das Lächeln geübt. Klappt schon prima. Kannst du auch lächeln?

Klar, das brauche ich nicht zu üben.

Bist ja auch schon alt, Oma.

Das stimmt, Babymäuschen. Ich hatte genug Zeit zum Üben.

Was muss ich sonst noch üben? Ich kann trinken, lächeln, am Daumen lutschen, blubbern ...

Das ist schon eine ganze Menge, mein Kleiner.

Wie kann ich Sprechen üben?

Indem du zuhörst, wie deine Mama redet.

Aha.

Aber besser geht das, wenn du geboren bist.

Ich übe aber jetzt schon mal.

Unter Wasser geht das aber schlecht.

Was muss ich denn genau machen beim Sprechen?

Den Mund auf und zu-machen.

Kann ich.

Die Stimmbänder bewegen.

Kann ich nicht.

Wie gesagt, das geht auch unter Wasser schlecht.

Echt?

Ja, warte ab.

Na gut, aber den Mund auf- und zumachen übe ich weiter, dann geht das immer schneller.

Dann ahne ich schon, was auf mich zukommt.

Blubb, blubb, blubb. Ist das gut?
Perfekt!
Gute Nacht, Oma, bis morgen.
Gute Nacht, Babymäuschen.

5. April morgens

Frohe Ostern, Babymäuschen.
Hallo Oma. Hast du meine Überraschung dabei?
Ja, hab ich.
Und was ist es?
Eine Osterhasen-Geschichte.
Hurra! Erzählst du sie mir jetzt?
Ja. Hier ist also

Die Geschichte vom Osterhasen, der keine Farben erkennen konnte

Es war einmal ein Osterhase. Der hatte alles, was ein Osterhase braucht: ein glänzendes Fell, hübsche braune Augen und sehr lange Ohren. Dazu war er noch sehr freundlich und lustig, sodass ihn jeder gerne mochte. Eigentlich gab es keine Schwierigkeiten, jedoch … aber von vorne: Der erste Tag in der Osterhasenmalschule stand an und unser Häschen saß ganz vorne in der Bank und hörte zu, was der Oberosterhasenmalermeister erzählte: „Liebe kleine Osterhasen", so begann dieser den Unterricht. „Beim Bemalen der Ostereier ist eines ganz wichtig: die Farbe! Vergesst nie, viele bunte Farben zu verwenden. Achtet auf ein kräftiges Rot und ein tiefes

Blau, dazu Gelb in allen Nuancen. Grün und Violett dürft ihr nicht vergessen. Und merkt euch: Die Farben sind wichtiger als die Muster, denn ohne Farbe sind nicht nur die Ostereier trübe und grau, sondern auch das Leben der Menschen. Und dazu sind wir Osterhasen da, um das Leben der Menschen zu bereichern und ihre Ostertage fröhlich zu gestalten. Und jetzt an die Arbeit. Malt, als hättet ihr noch nie im Leben gemalt."

zzzzzzz

Babymäuschen?

zzzzzzz

Oha, eingeschlafen … dann erzähle ich morgen weiter.

6. April

Hallo Babymäuschen.

Hallo Oma. Gestern bin ich wohl eingeschlafen, aber ich habe alles mitbekommen.

Wie denn das?

Frag nicht, Oma, in deinem Buch ist eben alles möglich. Erzählst du jetzt weiter?

Klar, mach ich. Also hör schon zu:

Die jungen Osterhasen in der Ausbildung saßen nun vor ihren Staffeleien, hielten die Farbpaletten in den Pfoten und malten nach Herzenslust. Bald sah man bunte Blumen auf den Ostereiern oder fröhliche Muster. Ein Hase versuchte gar, den ganzen Abendhimmel auf ein winziges Ei zu bannen und verlangte nach Gold- und Silberfarbe. Ach, alle Farben standen den jungen Künstlern zur Verfügung und obwohl so manches Ei unter den ungeduldigen und ungestümen Händen der kleinen Hasen zerbrach, so war das Ergebnis doch beachtlich. Der Oberosterhasenmalermeister lobte die meisten Kunstwerke, korrigierte manche ein wenig und musste nur zwei Eier mit einem Kopfschütteln vernichten.

Unser Osterhase nun hatte das Klassenzimmer verlassen, denn alle Farben, die zur Verfügung standen, sagten ihm nicht zu. So hoppelte er hinaus, um sich umzusehen. Dieses Osterfest versprach nun sehr kalt zu werden. Vom Himmel fielen weiße Flocken und die Öfen der Menschen bullerten vor sich hin. Immer wieder wurde neue Kohle geliefert, damit niemand frieren musste. Unterwegs verloren die Kohlenhändler so manches Kohlestückchen, das dann glitzernd im weißen Schnee lag. Ach, das gefiel unserem Hasen. Er hob die funkelnde Kohle auf und erfreute sich an dem Schnee, den er mit seinen Pfoten zu einem kleinen Ball formte. So konnte er beides transportieren. Wieder im Klassenzimmer, vermischte er das Mitgebrachte mit Leinöl und Firnis und zauberte wunderhübsche Muster auf die weißen Ostereier. Stolz betrachtete er sein Werk.

„Was hast du denn da gemacht?", rief der Oberosterhasenmalermeister entsetzt, als er die Werke begutachtete.

„Hab ich nicht gesagt, Farbe ist alles?"

„Aber ich habe doch Farbe verwendet", entgegnete der Schüler.

„Sieh doch, Meister, wie es glitzert und glänzt."

„Trotzdem fehlen die Farben", beharrte der Lehrer. „Schau dir mal die Ostereier deiner Klassenkameraden an."

Der kleine Hase schaute sich die anderen Kunstwerke an und meinte: „Ich sehe keinen Unterschied zu meinen Ostereiern."

„Ja, siehst du denn nicht, dass alle anderen Eier bunt und deine schwarz-weiß sind?", erstaunt und grübelnd stand der strenge Meister vor seinem Schüler. Der schüttelte den Kopf und verstand nichts.

„Ich glaube", meldete sich eine Osterhasenschülerin, „er kann keine Farben sehen."

Der Oberosterhasenmalermeister nickte: „Ich denke auch, so wird es sein."

„Aber was machen wir jetzt, muss ich den Unterricht verlassen und was wird dann aus mir? Ich bin doch schließlich ein Osterhase", weinend schaute unser Häschen den Lehrer und seine Mitschüler an.

„Vielleicht gibt es unter den Menschen auch welche, die keine Farben erkennen können", meinte ein besonders kluger Schüler mit einer Brille auf der Nase. „Ihnen könnten diese schwarz-weißen Ostereier besonders gut gefallen."

„Du hast Recht, eine gute Idee", lobte ihn der Lehrer und schrieb eine „Eins" in sein Zensurenbuch.

Und so verteilten die Osterhasen in diesem Jahr nicht nur bunte Eier, sondern auch sehr hübsche glänzende und glitzernde schwarz-weiße. Und weißt du was? Die Menschen fanden gerade diese besonders schön.

So konnte unser farbenblinder Hase doch noch ein Osterhase werden und zwar ein ganz besonderer.

Babymäuschen? Hast du zugehört?

*Und wie, Oma. Eine schöne Geschichte. Vielen Dank *gähn**

Bitte, bitte, Babymäuschen. Und jetzt wird geschlafen *gähn*, denn Erzählen macht auch müde.

Gute Nacht, Oma. Und wenn ich noch nicht da bin, bis morgen.

7. April

Hallo Babymäuschen. Wie geht es dir?

Hallo Oma. Sehr gut geht es mir. Mein Bäuchlein ist schon wieder dicker geworden, schau mal.

Ja, ich weiß. Du wiegst etwa 3800 Gramm und bist 54 Zentimeter groß.

Du meine Güte.

Genau das hat Oma Maria auch gesagt.

Und du?

Auch so etwas. Du bist wirklich groß. Willst du nicht mal so langsam zur Welt kommen?

Ich überlege noch …

Das Wetter ist so schön geworden …

Hm …

Macht echt Spaß hier draußen. Dein Plüschhäschen wartet auch schon so auf dich.

Weiß nicht so recht …

Alles ist bereit für dich.

Tjaha.

Was heißt denn das?

Ich weiß nicht, was ich sagen soll.

Dann komm doch einfach.
Ob das so einfach ist?
Hast du Angst?
Ja, schon ...
Nur Mut!
Ach, frag mich doch morgen noch einmal, ja?
Okay. Dann schlaf schön, mein Babymäuschen. Gute Nacht.
Gute Nacht, Oma.

7./8. April irgendwann in der Nacht

Oma, Oma! Es ist etwas Schreckliches passiert.
Um Himmels willen, was denn?
Mein ganzes Wasser ist weg! Auf einmal.
Aha, dann ist die Fruchtblase geplatzt.
Keine Ahnung, aber jetzt ist es richtig ungemütlich hier.
Das kann ich mir vorstellen.
Und weißt du was, Oma? Es zieht!
Oh je ...
Und dann fiel diesem ein-Papa nichts Besseres ein, als mit Mama und mir durch die Gegend zu fahren. Mitten in der Nacht. Was sagst du dazu?
Babymäuschen, er ist mit euch in das Krankenhaus gefahren.
Mama und ich sind doch nicht krank, Oma!
Das nicht, aber es ist trotzdem richtig so.
Kriege ich hier neues Wasser?

Nein.
Ja, aber wie soll ich denn hier leben ohne Wasser?
Sollst du ja gar nicht, sollst zur Welt kommen.
Hier im Krankenhaus?
Ja. Ist denn nicht schön dort?
Eigentlich schon, wir haben ein Familienzimmer.
Na bitte.
Kommst du auch?
Klar, sobald du geboren bist. Ich habe auch etwas Schönes für dich.
Ja?
Einen Stern, der eine wunderschöne Melodie spielt.
Oh ... na gut, dann mache ich mich jetzt auf den Weg. Bis später, Oma.
Bis später, Babymäuschen.

9. April

Hallo Babymäuschen.
Hallo Oma.
Ich dachte, du kämst heute.
Das dachte ich auch.
Und was kam dazwischen?
Keine Ahnung. Als ich kommen wollte, ging es nicht.
Ja, woran liegt es denn wohl?
Also an Mama nicht.
Vielleicht an dir?
Ich bitte dich! Ich bin hier das Babymäuschen.
Schon klar. Wie war denn die Nacht?

Seeehr gemütlich. Mama, ein-Papa und ich lagen in unserem Familienzimmer.

Und das hat dir gefallen?

Und wie! Das soll nie nicht aufhören.

Weißt du, was du da gesagt hast?

Was meinst du?

Babymäuschen, mein kleiner Logiker, das war eine doppelte Verneinung. Und was ist das?

Das weiß ich von Mama, das ist ein ‚ja'.

Ganz genau. Du hast also gesagt, dass das aufhören soll.

Uiii …

Und dazu musst du zur Welt kommen.

Oma, wenn das so ist, dann mache ich das. Ich will nämlich nach Hause und in meine Wiege und mein Kinderzimmer. Hier in diesem doofen Krankenhaus mag ich nicht bleiben und Mama auch nicht, das hat sie gesagt.

Kann ich gut verstehen. Dann mach dich auf den Weg.

10. April in den frühen Morgenstunden

Babymäuschen, geht es dir gut?

gurgel gerade nicht so, Oma.

Was ist denn los?

gurgel es zerrt ganz furchtbar an mir und der Mama geht es auch so schlecht.

Halte durch, Babymäuschen.

Ich bemühe mich ja. Oh je, es wird so hell, was ist das?

Lampen?

Und so viele Stimmen, wer spricht denn da und wer ist Frau Doktor Küpper?

Das ist deine Mama.

Das kann nicht sein, sie heißt doch Mama. Jetzt zerren Hände an mir, Oma, lässt du das zu?

Ist gleich vorbei.

Es wird immer heller, Hilfe, jetzt greift jemand nach meinem Kopf. Ja, das darf man doch nicht. Wenn der nun abbricht?

Keine Bange, der bleibt bestimmt dran.

gurgel aua, mein Hals, aua, meine Schultern, aua, mein Alles. Oma, sag den Leuten, sie sollen aufhören! Ach was, ich sage es ihnen selber: „Wäääh, wäääh, wäääh!"

Hallo Oma, ich bin da!

Julian Konstantin

wurde am 10. April 2015, um 3.52 Uhr, mit einem Gewicht von 3570 Gramm und einer Größe von 54 cm geboren und hat sogleich seiner Oma zugezwinkert. Ich schwöre!
zweiFingerhinterdemRückenkreuz
und damit ist das Buch zu
~ Ende ~

Nachtrag

10. April nachmittags

Hallo Oma! Also ich muss schon sagen, das habe ich mir anders vorgestellt. Ich bin noch immer im Krankenhaus und in diesem Zimmer und dauernd kommen irgendwelche Leute herein. Da war heute so eine komische alte Frau mit langen grauen Haaren. Die hat mich auf den Arm genommen.

Babymäuschen, das war ich.

Also Oma, erst einmal heiße ich Julian und zweitens: Warum hast du das denn nicht gesagt?

Julian, ich dachte, du verstehst das noch nicht.

Oma, ich bin klein aber nicht doof!

Entschuldige.

Aber weißt du, Oma, mein Papa ist ja der coolste Papa der Welt. Der war die ganze Zeit bei uns.

Ja, dein Papa ist ganz toll, das finde ich auch.

Und Mama, sie ist die schönste und liebste Mama, die es gibt.

Unbedingt, mein kleiner Julian.

Und meine Oma Angelika.

Was ist mit der?

Sie ist die ulkigste Oma, die es gibt.

hüstel mit dieser Meinung stehst du auch nicht alleine.

Und jetzt will ich nach Hause und in meine Wiege.

In Kürze, Julian, dann fängt das Abenteuer Leben so richtig an.

Und hier ist wirklich das Ende ...
oder fängt es gerade erst an?
Ach, fragen Sie mich in zwanzig Jahren noch einmal.

– E N D E –

Angelika Pauly

Angelika Pauly, dreifache Mutter und dreifache Großmutter, wurde am 15.4.1950 in Wuppertal geboren.

Sie ist Schriftsetzerin und Buchdruckerin, Schriftstellerin und Musikerin zugleich.

Sie begann ein Studium der Mathematik an der Bergischen Universität Wuppertal. Die Mathematik hat sie auch nie richtig losgelassen. So belegt Angelika Pauly noch heute regelmäßig verschiedene Mathekurse, z.B. an der Fernuni Hagen. Zuletzt „Zahlentheorie" und demnächst vielleicht „Gewöhnliche Differentialgleichungen", je nach Zeit und Interesse.

Außerdem entdeckte sie schon sehr früh ihre Schreib- und Musikleidenschaft. So begann sie Kinder- und Märchenbücher zu schreiben, außerdem Fantasy-Bücher, Lyrik und Kinderlieder, die sie selber instrumentiert.

Ihre erste Veröffentlichung datiert aus dem Jahre 1974.

Sie lebt in Wuppertal, ist aber Mitglied der Gesellschaft der Lyrikfreunde Innsbruck und Mitglied des Vereins der Schriftstellerinnen und Künstlerinnen Wien.

Neben der Gitarre spielt sie auch gerne Keyboard.

www.angelika-pauly.de